Elisabeth Büchle

Das beste Geschenk von allen

24 Geschichten zur Weihnachtszeit

Über die Autorin

Elisabeth Büchle hat zahlreiche Bücher veröffentlicht und
wurde für ihre Arbeit schon mehrfach ausgezeichnet.
Ihr Markenzeichen ist die Mischung aus gründlich recher-
chiertem historischen Hintergrund, abwechslungsreicher
Handlung und einem guten Schuss Romantik.
Sie ist verheiratet, Mutter von fünf Kindern und lebt im
süddeutschen Raum.

www.elisabeth-buechle.de

Elisabeth Büchle

Das beste Geschenk von allen

24 Geschichten
zur Weihnachtszeit

Inhalt

	Vorwort	7
1	Perfekt geplant	9
2	Macht hoch die Tür	17
3	Der Weihnachtsengel	24
4	Ruheort im Weihnachtschaos	30
5	Bevor ich auseinanderbreche	39
6	Superheld	41
7	Weihnachten in Oregon	48
8	Der Glasstern	56
9	Heiligabend im Irish Pub	65
10	Das Wunder in den Bergen	72
11	Heruntergekommen	79
12	Das beste Geschenk von allen	81
13	Stromausfall	87
14	Das Familiengeschenk oder: Herzenswünsche	93

15 Ein Mann zu Weihnachten   102
16 Emmas Weg aus der Einsamkeit   112
17 Das Rolltor –
    oder: Ein Tag im Dezember 2012   120
18 Annies Weihnachtswunsch   132
19 Die zwei Pinselstriche   145
20 Ich komme zu dir   155
21 Feuerwehr   157
22 Weihnachtsreise eines Teenagers   164
23 Heiligabend im Zug   169
24 Der „Sternengucker"   179

Vorwort

Liebe Leserinnen und Leser,

sicher kennen mich viele von Ihnen als Autorin historischer und zeitgenössischer Romane. Nun habe ich eigens ein „Weihnachts-Büchle" für Sie zusammengestellt, denn ich liebe diese ganz besondere Zeit im Jahr, wenn Kerzenlicht die dunklen Tage erhellt und Schneeflocken vom Himmel fallen. Einige der Geschichten habe ich schon vor Jahren verfasst, andere sind eigens für dieses Buch entstanden.

Lesen Sie davon, wie Reisende den Heiligabend in einem Zug feiern, welche Kraft das Lied „Mach hoch die Tür" in einem dunklen Raum entfalten kann, und was eine alte Frau dazu bewegt, mit Obdachlosen den Weihnachtsabend zu verbringen. Und lassen Sie sich hineinnehmen in die Versöhnungsgeschichte zwischen Mutter und Tochter, in eine

Begebenheit bei der Feuerwehr oder die Begegnung mit einem Engel.

Da es sich um vierundzwanzig ganz unterschiedliche Texte handelt, dürfen Sie das Buch gern wie einen Adventskalender behandeln und jeden Tag ein neues „Texttürchen" öffnen. Aber Sie können auch ganz nach Belieben in die winterlich-weihnachtlichen Geschichten eintauchen und auswählen, welche davon Sie zuerst lesen möchten.

Als ich an diesem Projekt gearbeitet habe, bat ich meine Rundbriefempfänger, mir ihre ganz persönlichen Weihnachtserlebnisse zu schreiben. Eines davon habe ich ein bisschen abgewandelt und als Inspiration für eine der Geschichten genommen. Entsprechend bedanke ich mich bei Sofia Heidebrecht, dass sie mir ihre Kennenlerngeschichte zur Verfügung gestellt hat.

Nun wünsche ich Ihnen viel Freude beim Schmökern und eine reich gesegnete Advents- und Weihnachtszeit!

Ihre Elisabeth Büchle

PS: Besuchen Sie mich gern auf meiner Website, auf Facebook und Instagram oder abonnieren Sie meinen E-Rundbrief unter buecherundbuechle@gmx.de

1
Perfekt geplant

Heiligabend. Zeit der Besinnlichkeit, der Ruhe und des Zusammenseins als Familie. Es soll ein unvergesslicher Abend in feierlicher Stimmung werden. Ganz oben steht dabei ein festlich gedeckter Tisch, ein leckeres Menü und, nicht zu vergessen, ein wunderschön geschmückter Baum, an dessen grünen Ästen die Kerzen ebenso fröhlich funkeln wie die Kindergesichter strahlen. Unter seinen Zweigen warten liebevoll ausgesuchte, hübsch verpackte Geschenke. Draußen liegt prächtiger Schnee und tagsüber werden die romantisch verschneiten Flächen, Hügel und Tannenspitzen von warmen Sonnenstrahlen beschienen.

Das war lange Zeit mein Traum von Weihnachten. Naiv, wie ich bin, hoffte ich jedes Jahr aufs Neue, dass dieser sich erfüllte. Dabei kannte ich doch Silkes Weihnachtsgeschichte, die meiner sehr ähnlich war...

Silke war rundum zufrieden, denn in diesem Jahr hatte sie schon früh alle Geschenke besorgt und eingepackt. Nicht minder stolz war sie auf ihren Anti-Stress-Heiligabend-Plan, den sie bereits im Herbst entworfen hatte. Den Großeinkauf hatte sie bereits am Vortag erledigt. Ihr Mann würde sich den Nachmittag freinehmen und den Baum hereinholen, aufstellen und schmücken – eine Tanne, die seit drei Tagen am Gartenzaun lehnte. Ihre älteste Tochter und ihr großer Sohn waren beschäftigt und die beiden Kleinen lauschten neuen Hörspielen. Die letzten Vorbereitungen könnten demnach ganz nach Plan beginnen, dachte sie, und öffnete tatkräftig den Kühlschrank.

Sie holte die Zutaten für den traditionellen Vier-Jahreszeiten-Kuchen heraus, der von allen Familienmitgliedern am liebsten warm gegessen wurde. Es handelte sich dabei um einen einfachen Versunkene-Früchte-Kuchen, je zu einem Viertel mit Sauerkirschen, Pfirsichen, Birnen und Mirabellen belegt, sodass jeder eine Ecke fand, die er richtig gern mochte.

Silke holte die seit dem Vortag auftauenden Früchte und arrangierte die Zutaten auf dem Küchentisch. Gerade, als sie das Mehl abwog, stürmte Jan, ihr Jüngster, in die Küche. Tränen rollten über seine geröteten Wangen. Mit großen Augen sah er seine Mutter hilfesuchend an. Deshalb ließ sie alles stehen, ging vor ihm in die Hocke und übersah großzügig, dass er in die Dose mit den geschnittenen Birnen griff. Vermutlich hatte er etwas leckeres Tröstliches nötig.

„Ich habe für alle Geschenke gebastelt", erklärte er schluchzend und fügte hinzu: „Ich habe sie versteckt."

Silke nickte ungeduldig, die Augen bereits wieder auf den Rezeptblock gerichtet. Wollte sie ihren Zeitplan einhalten, durften nicht viele Störungen dieser Art auftreten. Aus dem Augenwinkel sah sie, wie ein weiteres Birnenstück im Mund des Jungen verschwand. Sie musste sein Problem umgehend lösen, bevor das Jahr ein Quartal zu wenig haben würde – zumindest auf dem Vier-Jahreszeiten-Kuchen!

Schnell fand Silke heraus, was den Bastler bedrückte. Er fand die versteckten Geschenke nicht mehr. Sie ermunterte Jan, nochmals überall zu suchen, schließlich war sein Zimmer nicht so groß, dass Dinge darin einfach verschwinden konnten.

Jan nickte, drehte sich um und rief im Hinausgehen: „Ich wünsche mir zu Weihnachten ein größeres Zimmer!"

Silke runzelte die Stirn. Sie musste sich jetzt unbedingt auf ihren Zeitplan und das Kuchenrezept konzentrieren. Allerdings gaben der kleine und der große Sohn sich die Klinke in die Hand.

Sven wirkte unausgeschlafen und mürrisch, wie sie mit einem kurzen Seitenblick feststellte. Ihm gewährte sie durch ihr Schweigen einen Griff in die Dose mit den Mirabellen, wobei sich in Anbetracht der Größe seiner Hände leichte Bedenken in ihr regten. Dennoch fügte sie Butter, Zucker und Eier zum Mehl hinzu.

„Ich habe Hunger und keine Geschenke", verkündete Sven. „Hatte keine Zeit, weil die Lehrer alle Arbeiten vor die

Ferien quetschen müssen. Und das Geld ging für die Fahrstunden drauf."

Silke fragte sich, ob sie wohl das Backpulver bereits hinzugefügt hatte. „Kann ich mir was Essbares aus dem Kühlschrank nehmen?"

Ihr Nicken veranlasste ihren Sohn, sich zu bedienen und mit seiner Beute schnell zu verschwinden. Von Sven würden also keine Geschenke kommen.

Immer noch hielt Silke unschlüssig das geöffnete Backpulvertütchen in der Hand. Sie seufzte und legte es beiseite. Mit einem nervösen Blick auf die Küchenuhr stellte sie fest, wie weit sie mit ihrem Zeitplan bereits in Verzug war. Sie griff nach einem roten Stift und notierte auf dem Plan:

Zeit zum Reden und Trösten einplanen. Andere Familienmitglieder in die Planung mit einbeziehen. Schafft schöne, gemeinsame, mit den Großen ohnehin seltene Zeiten. Dann geht uns auch nicht der Sinn von Weihnachten verloren.

Mira und Lia stürmten zeitgleich in die Küche. Die eine Tochter jammerte, weil Jan oben laut weinte, was sie natürlich nervte. Die andere kam mit dem Basteln ihrer Last-Minute-Geschenke nicht zurecht und forderte Hilfe ein. Silke sah keine Chance, das Plündern der Pfirsichstückchen und Sauerkirschen zu verhindern.

Sie bat Mira, ihre nervliche Anspannung hinunterzuschlucken, und rührte den Teig an. Als sie sich wieder umwandte, war die Küche leer, die Behältnisse der Sauerkirschen und Pfirsiche ebenfalls. Nicht eben begeistert versenkte sie die reduzierte Anzahl an Mirabellen und Birnen auf zwei nun mager aussehenden Kuchenhälften und stellte das Gebäck in den Ofen. Bevor sie einen sich anbahnenden Zwergenaufstand ein Stockwerk höher schlichten gehen wollte, notierte sie in Rot:

Wichtig: vor den letzten Vorbereitungen ein Gebet um
Geduld und starke Nerven!

Schließlich wusste sie, dass ein besinnliches Weihnachtsfest nur dann stattfinden konnte, wenn auch die anderen Familienmitglieder an diesem Tag zufrieden und ausgeglichen waren.

Sie holte die Zutaten für die Würstchen im Schlafrock aus dem Kühlschrank. Zumindest wollte sie das tun. Von den zehn Saitenwürsten hatten seit dem Einkauf am Vortag drei überlebt. Käse und Schinken waren wohl soeben dem immer hungrigen Magen eines Achtzehnjährigen zum Opfer gefallen.

Wütend knallte sie die Kühlschranktür zu. Mit einem Blick auf ihren Plan griff sie erneut nach dem roten Stift und schrieb:

Zutaten beschriften und die kleinen und großen Räuber
dennoch lieben! Nur so ist ein ruhiges Gespräch über den
Kühlschrankinhalt möglich – trotz Stress, Ärger und der
schwindenden Aussicht auf ein gelungenes Festessen.

Erleichtert stellte Silke fest, dass ihr Mann pünktlich nach Hause kam. Sie schnappte die eigens für sich vorbereitete Heiligabend-To-do-Liste, um ihn gleich im Flur damit abzufangen. Doch Markus winkte ab. Sein Kopf glühte förmlich, und seine Augen wirkten glasig. Er hustete bellend und verzog sich nach oben ins Bett.

Silke warf einen Blick auf die Liste, zerknüllte sie und ahnte: Dieser Heiligabend würde schwer zu retten sein. Auf ihrem Zeitplan vermerkte sie den Hinweis:

> *Genügend Zeit für Unvorhergesehenes einplanen. Mir außerdem vor Augen halten, dass niemand mit Absicht gestresst, krank oder verletzt ist.*

Nur so würde sie dem Anflug von Überforderung, Selbstmitleid und leise steigendem Zorn trotzen können. Alles Gefühle, denen sie sich an diesem besonderen Abend nicht hingeben wollte. Sie stapfte die Stufen hinauf, erklärte Sven – in Erinnerung an ihre aufgeschriebenen Zeilen überaus ruhig –, dass er ihr gemeinsames Festessen innerhalb von wenigen Minuten verdrückt hatte. Anschließend schickte sie ihn in den strömenden Regen hinaus, damit er den Baum in die Wohnung brachte. Dann half sie, völlig unplanmäßig, Lia bei ihrer wirklich bezaubernden, aber zeitaufwändigen Bastelarbeit und dem Kleinen bei der Suche nach den versteckten Geschenken. Nach erfolglosem Herumsuchen in allen Ecken erklärte Jan schließlich achselzuckend, dass er nun schon Ostergeschenke für seine Geschwister habe, die sie an Ostern suchen könnten.

In diesem Moment kündigte Sven zwei weitere Katastrophen an: „Was soll denn das rauchende schwarze Etwas im Backofen sein, Mama?", rief er die Treppe hoch. „Außerdem hättest du Oma und Tante Anna vorgestern genauer erklären müssen, wo sie sich Reisigzweige für ihren Weihnachtsstrauß abschneiden dürfen."

Es braucht nicht viel Fantasie, um sich den Rest des Abends vorzustellen. Silke war nicht gewillt – zudem fehlte ihr die Zeit –, den Braten für den ersten Weihnachtstag zu opfern. Der Baum sah gerupft aus, da Oma und Tante Anna zielsicher die schönsten Äste für ihren Strauß abgeschnitten hatten. Einen Kuchen gab es nicht, und die Bescherung fiel wegen mangelnder Geschenke äußerst knapp aus.

Dafür saßen sie alle zusammen gemütlich im Ehebett. Und Silke stellte fest, dass das „perfekte Fest" mehr ist als ein abgearbeiteter Plan! Denn sie genossen nun, was zu Weihnachten am wichtigsten ist: das Füreinander und Miteinander. Die Zeit, die Weihnachtsgeschichte zu hören, über das Wunder von Jesu Geburt zu staunen und darüber zu sprechen. Strahlend sangen sie gemeinsam Weihnachtslieder mit vielen, vielen Strophen.

Gerade in den Tagen vor Weihnachten will ich mich an Silkes Geschichte erinnern. Immer dann, wenn ich mittendrin stecke in meinem oftmals selbst gemachten Stress. Ich möchte meinen Anspruch auf Perfektion loslassen, meine Ungeduld zügeln und unnötigen Streit in der Familie vermeiden. Dabei bedenke ich auch den eigentlichen Grund, weshalb diese Tage etwas Besonderes sind. Nach Gottes perfektem Plan schickte er Jesus in unsere Welt (wenngleich Maria und Josef vielleicht einen anderen Zeitpunkt vorgezogen hätten). Gott befreite uns durch sein Geschenk von unserer Schuld – auch von unseren selbst auferlegten Zwängen. Darum kann ich mir meine Fehler und die der anderen vergeben.

Und: Während wir Menschen fehlerhaft sind, ist Gottes Geschenk an uns – Jesus Christus – absolut perfekt. Dieser wird es auch sein, der uns „perfekt macht" für die Ewigkeit. Deshalb ist jedes Weihnachten ein Dankesfest für Gottes perfektes Geschenk – mit oder ohne perfekten Tannenbaum oder Festmenü.

1
Macht hoch die Tür

Mariana hob zwei Kisten mit selbst gefertigter Holzdekoration aus dem Kofferraum, stellte sie auf den vom Schnee befreiten Gehweg und verschloss den Wagen. Neugierig sah sie sich um. Wie immer um diese Jahreszeit war das Gemeindehaus mit Tannengrün und großen roten Schleifen geschmückt. Der Schneefall der vergangenen Nacht hatte eine weiße Schicht – Puderzucker gleich – auf die grünen Girlanden gelegt. Das war hübsch anzusehen, und obwohl es Mariana inzwischen kalt war, nahm sie sich die Zeit, den Anblick zu bewundern – immerhin war Schnee in diesem Landstrich eine Seltenheit.

Schließlich bückte sie sich und hob die erste Kiste hoch. Dabei wehte ihr der Duft von Holz und Bienenwachs entgegen. Um nicht auszugleiten oder die zerbrechlichen Teile ihrer Werkstücke zu beschädigen, ging sie ganz vorsichtig die Stufen zum Eingang hoch. Während alle anderen Aussteller bereits am Vortag ihre Stände für den Adventsmarkt bestückt hatten, erledigte sie dies – wie in jedem Jahr – erst am eigentlichen Öffnungstag.

In dieser Ortschaft fand der Adventsbasar stets im großen Saal des Gemeindehauses statt. Mariana erzählte gern, dass es sich hier vermutlich um den wärmsten Advents- und Weihnachtsmarkt schlechthin handele. Dennoch hatte sich nie jemand bereit erklärt, sie zu begleiten und ihr zu helfen. Als Krankenschwester im Schichtdienst hatte sie auch nicht viele Freunde – ihr Lebensrhythmus sah einfach völlig anders aus als bei den meisten Gleichaltrigen. Ihre Zurückhaltung, ja, Schüchternheit, tat das Übrige.

Schwer atmend, weil die Holzdeko ein ordentliches Gewicht auf die Waage brachte, stellte Mariana die Kiste vor der gläsernen Eingangstür ab und drückte die Klinke herunter. Nichts geschah. Erstaunt schaute sie ins Atrium des Gemeindehauses und stellte fest, dass dort gar kein Licht brannte. Noch einmal drückte sie die Klinke und rüttelte sogar daran, doch das Ergebnis blieb dasselbe: Sie stand vor verschlossener Tür.

Hatte man etwa vergessen, dass sie an diesem Morgen vorbeikommen wollte? Leicht überfordert, da sie ohnehin spät dran war und auch gleich wieder wegmusste, strich sie sich mit der Hand durch die kurzen schwarzen Locken. Wie sollte sie jetzt auf die Schnelle an einen Schlüssel kommen? Sie gehörte nicht zu dieser Gemeinde und hatte demnach keine Ahnung, an wen sie sich wenden musste.

Unangenehm berührt von der Situation zog sie ihr Smartphone aus der Jackentasche und scrollte durch die E-Mails, bis sie jene von der Veranstalterin des Adventsbasars fand. Mit einem Anflug von Panik stellte Mariana fest, dass in dieser weder eine Telefonnummer noch eine Adresse stand. Also blieb ihr nichts anderes übrig, als mit klammen Fingern eine kurze Nachricht zu schreiben mit der Frage, ob ihr wohl jemand die Tür aufschließen könnte.

Mariana steckte das Telefon wieder weg und betrachtete die Kiste zu ihren Füßen. Sie hatte keine Ahnung, wie lange es dauern würde, bis sie eine Antwort bekam. Deshalb nahm sie die Holzkiste erneut hoch, trug sie zurück zum Auto und lud diese und die andere, die noch auf dem Gehsteig stand, wieder in den Kofferraum. Dann setzte sie sich hinters Steuer und wartete. Immer wieder überprüfte sie ihr Mailpostfach, ohne jedoch eine Antwort zu erhalten, und zunehmend wurde ihr kälter – immerhin lag die Außentemperatur um den Gefrierpunkt.

Ein Anflug von Panik bemächtigte sich ihrer, zumal ihr die Zeit davonlief. Irgendwann ließ sie den Wagen an und drehte die Heizung hoch. Sie fuhr durch die Straßen des Wohngebiets und orientierte sich dabei am Kirchturm, dem höchsten Gebäude in der unmittelbaren Nähe. So fand sie zur Kirche, parkte dort und stieg aus. Mit klopfendem Herzen begab sie sich zu dem Haus, das sie für das dazugehörige Pfarrhaus hielt. Da es ihr unangenehm war, jemanden auf ihr Problem ansprechen zu müssen, legte sie sich sorgfältig die Worte zurecht, ehe sie läutete. Eine ältere Frau öffnete ihr. Freundlich wies sie Mariana darauf hin, dass das Gemeindehaus, in dem der Adventsmarkt stattfand, zu einer anderen Kirchengemeinde gehörte.

Mariana entschuldigte sich für die Störung und presste dann fest die Lippen zusammen. Die ganze Angelegenheit war ihr schrecklich peinlich. Das hatte sie nun davon, dass sie sich so schwer damit tat, sich mit ihren Mitmenschen zu unterhalten. Ansonsten hätte sie sicher gewusst, welche Gemeinde den Basar veranstaltete. Im Krankenhaus verhielt Mariana sich völlig anders. Immerhin waren die Patienten auf ihre Unterstützung angewiesen und für ihre Hilfe dankbar. Dort war sie in ihrem Element und hatte kein Problem dabei, sich zu äußern. Doch außerhalb...

Die Frau war so freundlich, ihr den Weg zur anderen Kirche zu beschreiben. Erneut erhöhte sich Marianas Pulsschlag, als sie wenig später am nächsten Pfarramt klingelte – was jedoch vergeblich war. Offenbar war weder der Pfarrer noch dessen Familie oder die Pfarramtssekretärin anwesend.

Inzwischen war Mariana ziemlich gehetzt und warf wieder einen Blick auf die Uhr. Ihr blieb nur noch eine halbe Stunde, ehe sie zu einer Schulung in der Klinik sein musste. Sollte dies wirklich das erste Mal seit fünf Jahren sein, dass sie diesen wunderbaren, gut besuchten und sehr gemütlichen Adventsmarkt verpasste? Dabei hatte sie wunderschöne neue Werkstücke aus Holz und anderen Naturmaterialien hergestellt, die sicher reißenden Absatz finden würden. Am traurigsten machte sie jedoch der Gedanke, dass sie den Gewinn nicht wie üblich ihrem Patenkind im ostafrikanischen Malawi zugutekommen lassen konnte.

Betrübt schüttelte sie den Kopf, hastete zu ihrem Wagen und fuhr wieder los. Auf dem Weg in Richtung Hauptstraße, die sie in die Nachbarstadt zur Klinik nehmen musste, kam sie noch einmal am Gemeindehaus vorbei. Mit einem Seitenblick stellte sie fest, dass das Atrium nun in Licht getaucht war. Sie zögerte einen Moment und wog ab, ob es Sinn ergab, ihre Kisten einfach hineinzutragen, abzustellen und dann zu gehen. Ob es möglich war, ihre Werkstücke erst auszupacken, wenn der Markt bereits geöffnet hatte? Beim Gedanken an das Patenkind beschloss sie, dass es sich lohnen würde, auf diese etwas unangenehme Art aufzufallen. Also suchte sie eine Parklücke, stieg aus und eilte die Stufen hinauf. Eher zögerlich drückte sie die Klinke, doch diesmal ging die Tür auf! Leise Musik schallte ihr entgegen, und als sie die Melodie erkannte, brach sie in heiteres Lachen aus.

Macht hoch die Tür, die Tor macht weit. Wie passend!

Durch ihr Gelächter angelockt, kam eine Frau aus der großen Halle ins Atrium. „Ich bin Anne. Du bist sicher Mariana?", wollte die etwa Gleichaltrige wissen.

Mariana bejahte und wurde förmlich mit Worten überschüttet, die eine Entschuldigung enthielten. Anne erklärte ihr, dass sie sich leider verspätet habe, doch dafür bot sie nun ihre tatkräftige Hilfe an. Gemeinsam schleppten sie die schweren Kisten die Stufen hinauf und in den Raum mit den festlich dekorierten Holzständen, die alle bis auf einen bereits mit allerlei Auslagen bestückt waren.

Da Mariana keine Zeit mehr blieb, um ihre Werkstücke auf der Verkaufsfläche zu arrangieren, versprach Anne, das für sie zu erledigen.

Als Mariana nach der Schulung zurück ins Gemeindehaus kam, schlugen ihr ein Stimmenpotpourri und der Duft von gebrannten Mandeln, Punsch und Gewürzen entgegen. In den Gängen zwischen den Verkaufsständen drängten sich bereits eine Menge Menschen, die sich unterhielten, das Beisammensein genossen, den angebotenen Leckereien zusprachen und fleißig Weihnachtsgeschenke einkauften.

Mariana schob sich in Richtung ihres Marktstandes und grüßte die Aussteller links und rechts von ihr. Vor ihrem eigenen Stand blieb sie verblüfft stehen. Obwohl sie eine Gabe dafür hatte, bezaubernde Dekorationsgegenstände herzustellen, war es ihr noch nie gelungen, diese so ansprechend zu arrangieren wie Anne. Außerdem stand diese hinter der Kasse und war bereits fleißig dabei, die Dekorationsstücke zu verkaufen.

Mariana verharrte und lächelte in sich hinein. Die aufwühlende Unsicherheit über das Missgeschick war verflogen. Was sie die ganze Zeit während der Schulung beschäftigt und ziemlich mitgenommen hatte, hatte sich zu etwas wirklich Gutem gewandelt. Denn zum ersten Mal in all den Jahren hatte sie heute Hilfe beim Tragen der schweren Gegenstände und beim Aufbau gehabt. Zudem war ihr Stand wunderschön anzusehen. Und vielleicht hatte sie sogar eine neue Freundin gefunden!

Nachdenklich rieb sie sich den verspannten Nacken. Womöglich war es weit hergeholt, überlegte sie, aber sie hatte den Eindruck, dass sich das, was sie am Morgen in der Bibel gelesen hatte, in ihrem Herzen so richtig festsetzen sollte: Vor verschlossener Tür zu stehen, ergab keinen Sinn. Es war traurig, herausfordernd, frustrierend. Wie schrecklich musste es erst sein, vor der Himmelstür zu stehen und nicht eingelassen zu werden? Jesus hatte gesagt, dass *er* die Tür sei. Eine Tür, die einladend weit offen stand. Und dahinter würde garantiert noch größere Freude herrschen als hier auf diesem Adventsbasar. Dazu Wärme, Heiterkeit, Glück, Wohlduftendes, Wunderschönes ...

Mariana jedenfalls war neu bewusst geworden, wie wichtig und wunderbar zugleich es war, durch diese Tür zu gehen.

3
Der Weihnachtsengel

Gegen das Licht der Deckenlampe und in ihrer weißen Arbeitskleidung wirkte ihre Pflegerin wie ein Engel. Sie war zwar nicht ganz so pausbackig wie die Putten, die auf alten Postkarten abgebildet waren, doch eine gewisse Ähnlichkeit ließ sich nicht verleugnen. Schwester Christina war jedoch sichtlich in Eile. Zwar stopfte sie ihr, wie immer, die schwere Bettdecke um ihre kalten Füße fest und zog das Bettgitter nicht schnell und laut nach oben, sondern bewusst langsam und leise, doch mit ihren Gedanken schien sie weit fort zu sein.

Martha legte ihren Kopf zurück auf das Kissen und unterdrückte ein Seufzen. Natürlich hatte Christina es eilig, nach Hause zu kommen, zumal sie, wie ein Blick auf die Wanduhr verriet, ohnehin schon seit über einer halben Stunde

Feierabend hatte. Es war Heiligabend und zu Hause würden ihre beiden Kinder und der Ehemann auf die junge Frau warten. Vermutlich wollten sie gemeinsam in den Gottesdienst gehen, ein wunderbares Festmahl zu sich nehmen und dann die Kerzen am Christbaum entzünden und gemeinsam ein paar Lieder singen.

„Liegen Sie gut, Frau Bünting?", kam die erwartete Frage und Martha unterdrückte ein weiteres Seufzen.

„Danke, Schwester Christina. Ich liege sehr gut. Gehen Sie nur schnell zu Ihren Lieben nach Hause." Wie immer strich ihr die Pflegerin ein paar Haarsträhnen aus dem Gesicht hinter das Ohr. Doch heute Abend war diese Bewegung fahrig und schnell, nicht wie gewohnt liebevoll und aufmerksam.

„Alles in Ordnung?", wollte Schwester Christina wissen, doch ihr Blick ging dabei zu der leise vor sich hin tickenden Uhr.

„Ich wünsche Ihnen einen gesegneten Abend, Schwester Christina. Ihnen und Ihrer Familie."

„Danke, Frau Bünting."

„Kommen Sie morgen auch?"

„Ich habe frei. Schwester Klara wird Ihnen morgen helfen." Schwester Christina drehte sich an der Türe nochmals um und winkte ihr kurz zu. Dann schloss sich die Türe leise hinter ihr. Martha konnte auf dem harten PVC-Boden ihre Schritte hören, die sich eilig immer weiter entfernten.

Müde und traurig schloss sie die Augen. Wie immer schmerzte ihre Hüfte sie unangenehm, doch noch mehr spürte sie die Einsamkeit und das Wissen, eine weitere Weihnacht ohne die Liebe und Aufmerksamkeit ihrer Familie oder guter Freunde verbringen zu müssen. Ein heftiger Schmerz fuhr ihr ins Herz. Die Sehnsucht nach ihrem Sohn, der mit seiner Familie in den USA lebte, wurde übergroß. Wie sehr wünschte sie sich, ihre Enkel einmal in die Arme schließen zu können! Wie wunderbar wäre es, sich mit ihrer Schwiegertochter zu unterhalten, die eine fröhliche Frau mit einem lustigen amerikanischen Akzent war! Und was für ein Geschenk des Himmels würde es sein, endlich einmal wieder ihren einzigen Sohn sehen zu dürfen!

Wie jeden Abend schloss sie ihre Familie, ihre wenigen noch lebenden Bekannten und die Schwestern und Pfleger des Heimes in ihr Gebet ein. Dennoch weinte sie sich an diesem Abend in den Schlaf.

In dieser Nacht träumte sie von einem Engel. Dieser hatte die Gesichtszüge von Schwester Christina und auch deren wilde, blonde Locken. Verwirrt wachte sie kurz darauf auf und starrte lange Zeit in die Dunkelheit. Aus dem Flur vernahm sie die Schritte der Nachtschwester und einige Zimmer entfernt stöhnte jemand vor Schmerzen. Noch immer spürte Martha diese tiefe Traurigkeit und Einsamkeit in sich. Es war Heilige Nacht. Vor mehr als 2.000 Jahren war Jesus als kleines Kind auf diese Welt gekommen. Waren nicht auch er und seine Eltern einsam gewesen? Verlassen in einer fremden Stadt, ohne ein richtiges Zuhause, ohne die vertraute Umgebung und liebgewonnene Gegenstände? Sollte das in dieser Nacht ihr Trost sein? Oder dieser seltsame Traum von einem Engel? Wie gerne würde sie einem

Engel begegnen. Jemandem, der ein freundliches Wort, ein strahlendes Lächeln und ein wenig Licht in die Dunkelheit bringen würde, die gerade um sie herum herrschte und irgendwie auch in ihr Herz gedrungen war.

Am nächsten Morgen fühlte sie sich unausgeschlafen und erschöpft. Schwester Klara half ihr bei der Körperpflege und beim Ankleiden. Sie war freundlich und rücksichtsvoll wie immer, doch sie wirkte unausgeschlafen und gab nur knappe Antworten auf ihre Fragen. Zum Frühstück gab es trotz des Feiertages frische Brötchen und auf jedem der Esstische stand ein kleines Gesteck aus Tannenreisig, einer roten Schleife und einer kleinen, roten Kerze. Diese durfte jedoch nicht entzündet werden, da die Feuermelder in der Einrichtung sehr empfindlich reagierten.

Der Zivildienstleistende wirkte ungepflegt wie immer und sprach kein Wort, als er die Tische abräumte und den Wärmewagen mit den Essenstabletts in den Lastenaufzug schob. Traurig lehnte Martha sich in ihrem Rollstuhl zurück. Vor dem Fenster tanzten die Schneeflocken, die Heizkörper knackten, und ein paar ihrer Mitbewohner unterhielten sich leise über die bereits vertrauten, immer gleichen Themen.

Das würde also ihr Weihnachtsfest werden. Ein Tag wie jeder andere hier. Nicht schlecht und doch auch nicht gut. Ohne Herausforderung, ohne Freude, ohne Aufregung und ohne Zuneigung. Alles würde so sein wie immer.

„Wo ist mein Engel, Herr?", flüsterte sie leise und betrachtete ihre noch immer schlanken Finger, die einmal so wunderschön Klavier gespielt hatten. „Wo sind mein freundliches Wort, mein strahlendes Lächeln und mein kleines Licht?"

Die Tür des Lastenaufzuges schwang erneut auf. Hatte der Zivi wieder einmal vergessen, den Knopf nach unten zu drücken? Martha hob den Kopf und staunte, als ein Mann mithilfe des Zivildienstleistenden ein braunes Klavier in den Raum schob. Aus dem Personenaufzug nebenan quollen mehrere Kinder. Schließlich folgte ihnen Schwester Christina. An der Hand hielt sie ein kleines Mädchen mit denselben wilden blonden Locken, wie sie sie hatte. Das Kind stapfte breitbeinig hinter den anderen Kindern her. Ob es überhaupt schon ohne die Hand seiner Mutter gehen konnte? Der große Mann setzte sich an das Instrument. Ob er wohl Schwester Christinas Ehemann war? Die Kinder stellten sich auf und schon klangen die ersten Töne durch den Raum. Die Gespräche verebbten. Von irgendwoher tauchten die drei Pflegerinnen auf, die an diesem Morgen Dienst hatten. Schwester Christina und die Kinder begannen zu singen. Ein Weihnachtslied nach dem anderen wurde gesungen. Die Melodien klangen nicht immer ganz richtig, doch das störte niemanden. Während des Singens kam die Sonne zwischen den Wolken hervor und ließ den frisch gefallenen Schnee auf den Fensterbänken hell glitzern.

Schließlich verteilten die Kinder kleine Päckchen an die alten Frauen und Männer.

Martha runzelte die Stirn, als das kleine Mädchen auf sie zugestapft kam. In den Händen hielt es ein Geschenk, das wohl für sie bestimmt war. Die Sonnenstrahlen beleuchteten es von hinten und Martha riss die Augen weit auf: Sie kannte die pausbäckigen Gesichtszüge, das lockige blonde Haar und dieses strahlende Lächeln.

Augenblicke später hatte das Kind sie erreicht. Martha saß regungslos da und wartete. Was würde jetzt geschehen? Langsam streckte das Mädchen die Arme aus und hielt ihr das Präsent entgegen. Dazu sagte die Kleine ein Wort. Vermutlich das einzige, das sie überhaupt konnte: „Da." Die Dunkelheit in Marthas Herz verschwand. Freude, Glück und das Gefühl, nicht vergessen worden zu sein, durchströmten sie, und auch ihr Gesicht begann zu strahlen – Gott hatte ihr zu Weihnachten ihren Engel geschickt.

4

Ruheort
im Weihnachtschaos

Heute war nicht ihr Tag. Sie hätte an diesem Morgen im Bett liegen bleiben sollen. Doch das ging nicht. Immerhin hatte sie ihre bettlägerige Mutter zu pflegen und ihre drei Kinder benötigten ihre ganze Aufmerksamkeit und Fürsorge. Außerdem war heute der Tag vor Heiligabend und sie musste in die Stadt.

Anne winkte der Nachbarin, die sich bereit erklärt hatte, ein paar Stunden nach ihrer Mutter zu sehen, zum Abschied zu. Dann ergriff sie mit einer Hand ihren Einkaufskorb, mit der anderen den Schlüsselbund und zog die Eingangstür auf. Fassungslos schaute sie in das wilde Schneetreiben vor dem Haus.

Vor zwei Stunden noch hatte die bleiche Wintersonne geschienen und die mit Eis überzogenen Äste in ein wunderschönes Licht getaucht. Wo waren die Sonne und der blaue Himmel hin? Die vielen großen Schneeflocken, die von einem bitterkalten Wind durch die Luft gewirbelt wurden, sorgten dafür, dass Anne nur ein paar Meter weit sehen konnte. Schnell zog sie die Tür hinter sich zu. Mit gesenktem Kopf kämpfte sie gegen den peitschenden Wind und die Schneeflocken an, bis sie auf dem Parkplatz ihr Auto fand.

Beim Ausparken rutschte der Wagen und verfehlte nur um Haaresbreite den teuren – bei diesem Wetter perfekt getarnten – weißen Maserati ihres Nachbarn von schräg gegenüber.

„Gott sei Dank!", entfuhr es ihr aus vollem Herzen.

Die Scheibenwischer auf höchste Stufe gestellt, fuhr sie auf der kurvenreichen Straße durch den düster wirkenden Schwarzwald zur nächstgrößeren Stadt. Dort hielt sie auf dem Parkplatz des Einkaufszentrums, zerrte ihren Korb vom Beifahrersitz und eilte im Laufschritt in den Laden. Ein Blick auf die Uhr zeigte ihr, dass sie viel zu spät dran war.

Anne eilte zwischen den Regalen hindurch, lud die benötigten Lebensmittel in den Korb, stellte sich an einer der langen Schlangen vor den Kassen an, zahlte und hastete zurück zum Auto. Jetzt musste sie schnell Timmi vom Kindergarten abholen, anschließend zur Post fahren, dann zur Schule und zurück zum Einkaufszentrum, um dort mit den Kindern eine Kleinigkeit zu essen.

Da sich Timmi beim Ankleiden mächtig Zeit ließ, kam sie erst um Punkt zwölf Uhr bei der Post an. Die elektrische Glasschiebetür ließ zwar noch einen Kunden heraus, sie aber nicht mehr hinein. Enttäuscht drehte Anne sich um und zog den widerstrebenden Timmi hinter sich her. Sie kämpfte leise schimpfend mit ihrer dicken Jacke und dem Schal, der über ihren Händen baumelte, während sie den Gurt des Kindersitzes im Fond ihres Wagens zu schließen versuchte. Gerade noch rechtzeitig fuhr sie los, ehe die Politesse – die sogar in diesem Schneetreiben unermüdlich unterwegs war – feststellen konnte, dass sie die Parkscheibe vergessen hatte.

Einer der vor Kälte zitternden Schneemänner vor dem Schulhaus entpuppte sich als ihre Tochter Tamira. Die Lehrerin ihrer zweiten Tochter schien den Kindern vor Weihnachten noch vermehrt Wissen einbläuen zu wollen, denn Tamira kam erst eine Viertelstunde nach Schulschluss angerannt und warf sich triumphierend, da sie vorne sitzen durfte, auf den Beifahrersitz.

Der Imbiss beim Bäcker verlief erstaunlich ruhig – wohl, weil die Kinder ordentlich Hunger hatten. Über den großen Senffleck auf Tamiras Pullover regte Anne sich nicht auf. Sie verzieh Timmi auch die bunte Collage aus Farbstiften, Ketchup und Fanta auf seinem Pulli. Immerhin hatte sie daran gedacht, für die Kinder Ersatzkleidung mitzunehmen, und Timmi würde beim Krippenspiel am späten Nachmittag ohnehin in einem Hirtengewand stecken ...

Die Post war noch immer geschlossen, als sie an dieser vorbei in Richtung Stadthalle fuhren. Anne seufzte. Also würde sie morgen noch einmal in die Stadt müssen, um das Paket abzuholen, für das eine Benachrichtigungskarte im Briefkasten gelegen hatte. Dabei war sie, als der Postbote kam, zu Hause gewesen!

Schließlich erreichten die vier den Eingang zur Stadthalle. Obwohl sie ein paar Minuten zu spät dran waren, standen sie vor verschlossener Tür.

Aufgeregt blickte Anne sich um. Hatte sie die falsche Uhrzeit im Kopf? Oder fand die Krippenspielprobe gar nicht hier in der Stadthalle, sondern in der Turnhalle am gegenüberliegenden Ende des Ortes statt? Immerhin nutzte der Kindergarten diese hin und wieder für seine Veranstaltungen.

Nervös trat Anne von einem Fuß auf den anderen, bis sich schließlich zwei weitere Mütter mit ihren Sprösslingen einfanden. Frierend warteten sie auf das Kindergartenteam, das nun endlich kam und die Tür zur nicht geheizten Halle aufschloss.

Anne atmete erst einmal tief durch. Sie waren hier, halbwegs satt und bereit, sich nun in Ruhe auf die Generalprobe und die anschließende, hoffentlich schöne und besinnliche Weihnachtsfeier vorzubereiten.

Geduldig versuchte sie, ihren kleinen, jetzt sehr aufgedrehten Jungen durch das Überstreifen des Fellmantels in einen verantwortungsbewussten Hirten zu verwandeln, und schickte ihn mit seinen Schwestern schon einmal voraus zur Bühne.

Anne blieb allein zurück und lehnte sich vollkommen ausgelaugt mit dem Rücken an die Wand. Jetzt musste sie sich nur noch in die vorderste Reihe setzen, den Proben beiwohnen, später die Kuchen- und Keksspenden entgegennehmen, das Krippenspiel genießen und dann – endlich – konnte sie nach Hause ...

Auf dem Weg in Richtung Bühne kam sie an einem unverschämt großen Spiegel vorbei. Erschrocken verharrte sie. Ihre Haare lockten sich – dank des nassen Schneefalls – um ihren Kopf, als hätten sie die letzten fünf Tage keine Bürste zu sehen bekommen. Sie hatte Ringe unter den Augen, und ihre neue Hose hatte sich bis zu den Knien mit Feuchtigkeit vollgesogen. Kopfschüttelnd fragte sie sich, weshalb sie an Kleidung zum Wechseln für ihre Kinder gedacht hatte, nicht aber für sich selbst.

„Entspann dich", sagte sie zu ihrem Spiegelbild, „andere werden bei dem Wetter auch nass. Außerdem freuen sich die Kinder, wenn zu Weihnachten Schnee liegt." Es half nicht. Anne fühlte sich gerädert und hatte keine Lust, den Nachmittag in der kalten Halle zu verbringen.

Warm wurde ihr allerdings schneller, als sie gedacht hatte. Während die Erzieherinnen mit bereits gehobener Stimmlage die Hirten, die Schafe, den Esel und das heilige Paar mitsamt Kind um Ruhe baten, verkündete eine andere Kindergartenmutter: „Die große Gastronomie-Kaffeemaschine funktioniert nicht!"

Anne eilte mit ihr hinüber in die Großküche.

„Ist der Stecker drin?", lautete Annes erste Frage.

„Halten Sie mich für bekloppt?", lautete die unfreundliche Gegenfrage.

Einen Moment überlegte Anne, ob sie sich auf dem Absatz umdrehen und wieder gehen sollte, doch das hielt sie für unfair. Also begann sie damit, Wasser in Töpfen zu erhitzen und die bereitstehenden weihnachtlich-roten Thermoskannen über die kleinen Filter herkömmlicher Kaffeemaschinen zu befüllen.

Anne schwitzte, fühlte sich durch das abweisende Schweigen der anderen Frau gedemütigt und warf sich schließlich müde auf einen der Zuschauersitze.

Irritiert betrachtete sie das laute Durcheinander auf der Bühne, während sich die Sitzreihen bereits mit Zuschauern füllten. Zwei Mädchen stritten sich, eine der ganz Kleinen weinte herzerweichend, und die Erzieherinnen und zwei Mütter, die sich wohl in der Verantwortung sahen mitzuhelfen, hatten hochrote Köpfe und redeten entsprechend laut.

Nichts schien zu klappen, außerdem war einer der drei Könige nicht erschienen. Also sollte ein Hirte zu einem König umfunktioniert werden. Es traf den ahnungslosen Timmi, der nicht wusste, wie ihm geschah. Plötzlich steckte er in einer langen blauen Robe, hatte einen Turban auf dem Kopf, der ihm unablässig ins Gesicht rutschte, und wurde mit seiner neuen Rolle vertraut gemacht. Von zwei Frauen gleichzeitig.

Anne wusste, dass sie einschreiten und ihr Kind vor diesem Chaos beschützen sollte. Aber ihr fehlte die Kraft dazu. In der vergangenen Nacht hatte ihre Mutter zweimal ihre Hilfe gebraucht, und Tamira, von einem Albtraum gequält, hatte sich um fünf Uhr früh zu Anne ins Bett gekuschelt. Sie fühlte sich ausgelaugt und wollte nur noch ihre Ruhe. Gefrustet ließ sie das hektische Treiben an sich vorüberziehen, während sie traurig die freudlosen Gesichter der jungen Akteure betrachtete.

Seit Jahren bemühte Anne sich, bereits den 23. Dezember ruhiger und besinnlicher anzugehen und das traditionelle Krippenspiel als schönen Einstieg für die Weihnachtstage zu betrachten. Doch auch in diesem Jahr funktionierte das Vorhaben nicht. Die täglichen Aufgaben wuchsen ihr einfach über den Kopf. Zu Hause gab es noch Unmengen von Baustellen. Ihr Frustpegel stieg von Minute zu Minute, nur mühsam unterdrückte sie Tränen der Resignation. Seit ihr Mann endlich wieder eine Arbeit gefunden hatte, war er fast ununterbrochen im Ausland unterwegs, gelegentlich sogar über mehrere Wochen. Sie wollte ihre Mutter nicht in ein Pflegeheim geben, obwohl ihre Versorgung immer anstrengender wurde. Und das Sprichwort „Kleine Kinder, kleine Sorgen – große Kinder, große Sorgen" schien sich tatsächlich zu bewahrheiten.

„Ich kann nicht mehr!", flüsterte sie halblaut vor sich hin, ohne dass jemand sie hören konnte. Der Geräuschpegel im Raum war zu groß.

Während die Aufführung mit vielen Patzern über die Bühne ging, schien Anne in einem schwarzen Loch zu versinken. Etwas drohte ihr Herz schmerzhaft zusammenzuschnüren. Verzweifelt kämpfte sie gegen das dunkle, erdrückende Gefühl der Hoffnungslosigkeit an, doch es wollte ihr nicht gelingen. All die kraftraubenden Aufgaben und nicht enden wollenden Nöte der letzten Zeit schlugen wie eine große, kalte Woge über ihr zusammen.

Mitten in diesem Gefühlschaos sah sie den Auftritt des kleinen Hirten im Königsgewand. Völlig hilflos stand Timmi auf der Bühne. Er wusste nicht mehr, was er tun, was er sagen, wo er hingehen sollte. Plötzlich rollten große Tränen über sein Gesicht und der weise König schluchzte mit hoher Kinderstimme ins Mikrofon: „Ich will zu meiner Mama!"

Gelächter brandete auf. Anne zog es das Herz noch mehr zusammen. Sie fühlte sich schuldig. Betroffen beobachtete sie, wie eine Erzieherin ihren Sohn von der Bühne hob. Er lief zu Anne und kuschelte sich in ihre Arme.

Mit einem Mal wurde Anne klar, was sie längst hätte tun sollen: dasselbe wie Timmi. Sie musste sich Schutz und Trost suchend in die Arme dessen stürzen, der sie bedingungslos liebt. Gott war hier! Inmitten dieses kräfte- und nervenaufreibenden Chaos. Gerade weil das, was dort auf der Bühne gespielt wurde, Wirklichkeit war. Bei Gott konnte sie ihren Frust und ihre Hilflosigkeit ablegen, um Trost zu erfahren und neue Kraft zu schöpfen.

Anne frage sich, weshalb sie immer wieder so lange wartete, bis die Wellen bereits über sie zusammenschlugen, ehe sie sich schließlich Hilfe suchend an Gott wandte. Er hatte doch versprochen, ihr immer nahe zu sein. Warum nur nahm sie diesen Rettungsring der Ruhe und Geborgenheit nicht früher in Anspruch?

Und somit hatten das sich zuspitzende Durcheinander, die vielen kleinen Beinahe-Katastrophen und auch all die nichtigen Nebensächlichkeiten, die sie so aufgeregt hatten, einen Sinn gehabt. Denn sie hatten ihr – angestoßen durch Timmis Hilferufe auf der Bühne – neu den Blick für das Wesentliche geöffnet: Gott war an Weihnachten durch seinen Sohn Jesus Christus in diese Welt gekommen, damit sie sein Kind werden konnte – und er ihr himmlischer Vater. Ein Vater, dem sie all ihre Probleme, Ängste und Unzulänglichkeiten anvertrauen konnte. Genau das war doch das Wichtigste an Weihnachten. Sich daran zu erinnern und sich darüber zu freuen, anstatt sich vom weihnachtlichen Chaos runterziehen zu lassen.

In diesem Moment wurde es in Annes Herzen Weihnachten.

5
Bevor ich auseinanderbreche

Bevor ich auseinanderbreche
muss ich noch

Weihnachtsgeschenke besorgen
für meine Lieben Plätzchen backen
weihnachtlich dekorieren
die Krippe aufstellen
die Wohnung putzen
zwischen der Nachbarin und der Tochter
Frieden stiften

Bevor ich auseinanderbreche
darf ich

sein Geschenk annehmen
das von ihm gebrochene Brot schmecken
seine Natur bewundern
an seiner Krippe staunen
mein Inneres von ihm reinigen lassen
seinen Frieden spüren

Bevor ich auseinanderbreche
lasse ich mich von ihm heil machen

6
Superheld

Wieso hatte er sich dazu überreden lassen? Ronny Benz schüttelte seufzend den Kopf. Er war der neue Diakon in diesem Stadtteil, und zu seinem Aufgabengebiet gehörte der Religionsunterricht an einer der Grundschulen. Aber dass er als Nikolaus die Kinder bespaßen müsste, stand nicht in seinem Vertrag. Und nun das! Zweifelnd betrachtete er den älteren Herrn vom Kostümverleih, dessen buschige, graue Augenbrauen weit hochgezogen waren. Er hatte Ronny soeben erklärt, dass es kein Nikolauskostüm mehr gab.

„Man hat mir gesagt, dass es jedes Jahr für die Schule bereitliegt", versuchte Ronny es noch einmal. Pflichtschuldig, immerhin sah er gerade einen Ausweg, sich um die ungeliebte Aufgabe herumzumogeln. Kein Kostüm – kein Nikolausauftritt. So einfach war das.

„Dann hat die Schule offenbar vergessen, dass der Nikolaus vom Vorjahr das Kostüm in Brand gesetzt hatte. Und die restlichen Kostüme sind leider alle schon weg."

Ronny entging der vorwurfsvolle Blick nicht. Aber diesen Schuh musste er sich nicht auch noch anziehen. Denn er hatte den Nikolausjob ganz neu. Genau genommen seit gestern, als die Rektorin ihn gefragt hatte, ob er denn sein Kostüm schon abgeholt habe.

„Da kann man nichts machen." Ronny war gern bereit, den Rückzug anzutreten.

„Warten Sie. Ich habe da ein anderes Kostüm. Es ist ebenfalls rot. Das könnte funktionieren."

Bevor Ronny den Mann aufhalten konnte, verschwand er hinter Stapeln von Pappschachteln. Kurz darauf hievte er eine davon auf die Theke und tippte die Leihgebühr in seine Kasse. Ronny wollte den Schachteldeckel aufklappen, um einen Blick hineinzuwerfen, doch in diesem Moment vibrierte sein Smartphone. Die Rektorin hatte ihm eine SMS mit dem Hinweis geschickt, dass er sehr spät dran sei, begleitet von den nachdrücklichen Worten: Die Kinder haben extra Lieder und Gedichte auswendig gelernt!

Ronny seufzte, zahlte den Betrag und klemmte sich die Schachtel unter den Arm. Als er zehn Minuten später ins Lehrerzimmer gestürmt kam, wartete die aufgelöste Rektorin auf ihn.

Tanja Krämer war kaum älter als Ronny und wirkte stets überarbeitet und hektisch. Prompt wedelte sie mit beiden Händen durch die Luft und jagte ihn in ihr kleines Büro, damit er sich dort ungestört in den Nikolaus verwandeln konnte.

Ronny zog sich den Pullover über den Kopf. Er klappte die Schachtel auf und erstarrte. Kräftiges Rot leuchtete ihm entgegen; das war ja durchaus passend. Weniger geeignet fand er jedoch das Emblem mit dem goldfarbenen Blitz, das vorn auf der eng geschneiderten Verkleidung prangte. Vorsichtig zog er das Lederimitat heraus und konnte sich ein Auflachen nicht verkneifen. Er hielt ein Kostüm des Marvel-Comic-Helden *The Flash* in den Händen!

„Sind Sie fertig? Wir sollten jetzt beginnen!"

„Das wollen Sie nicht wirklich", murmelte Ronny und entledigte sich auch noch seiner Hose.

„Zwei Minuten!", drang es nahezu drohend durch die geschlossene Tür, als sei er ein Schüler, der sich auf dem Klo eingeschlossen hatte. Da er befürchten musste, dass die Rektorin gleich in ihr Büro stürmen würde, zwängte er sich rasch in das Kostüm. Kurz zögerte er, ob er die Maske, die seine obere Gesichtshälfte verdecken würde, aufziehen sollte. Doch dann entschied er sich mit einem Schulterzucken dafür. Wenn er sich schon zum Clown machte, dann wenigstens richtig. Außerdem würde ihn so bestimmt niemand erkennen – was durchaus von Vorteil war.

Ronny zog die Tür auf. Die Rektorin japste nach Luft; Ronny nahm nicht an, dass dies aufgrund seines sportlichen Körperbaus geschah.

„Sind Sie ... verrückt?"

„Nein, Flash."

Von irgendwo ertönte ein Kichern, gleich darauf drängten sich vier weitere Lehrerinnen um ihn. Unter ihnen war auch die älteste Lehrerin der Schule, die bald in ihren wohlverdienten Ruhestand gehen wollte. Sie war es, die lauthals zu lachen begann und begeistert – so zumindest schien es Ronny – in die Hände klatschte.

„Kreativ!", kommentierte eine Mittvierzigerin, und eine der beiden jüngeren Frauen meinte: „Das wird spannend. Vor allem, wie Sie den Kindern erklären, dass der superschnelle Superheld aus einem Comic schneller da war als der Nikolaus mit seinem Rentierschlitten."

Ella, die er besonders mochte, trug einen grauen Mantel und hielt einen Jutesack in den Händen, da sie den Knecht Ruprecht gab. Sie musterte ihn mit schief gelegtem Kopf. „Folge mir bitte unauffällig."

„Als ob das möglich wäre", murmelte Ronny.

Vor der Aula wandte Ella sich zu ihm um. „Los geht's." Ronny wurde das Gefühl nicht los, dass sie ununterbrochen in sich hineinlachte.

Gemeinsam betraten die Rektorin, Flash und sein Knecht Ruprecht den Raum, in dem sich die Schüler klassenweise auf die Bänke gesetzt hatten. Es dauerte einen erstaunlich kurzen Moment, ehe die Geräuschkulisse verebbte. Ronny deutete die plötzlich eingetretene Stille als maßloses Entsetzen. Betont lässig stieg er die Stufen zur Bühne hoch, Ella folgte ihm. Doch bevor er das Mikrofon erreichen konnte, hatte ihn die Rektorin überholt. Ellas gerunzelte Stirn verriet ihm, dass Frau Krämer sich für gewöhnlich aus dieser

Nikolausaktion heraushielt. Das Mikrofon pfiff, als die Rektorin anfing zu sprechen:

„Liebe Schülerinnen und Schüler, heute ist unser Nikolaus –"

„Flash!" Ein Junge sprang auf, reckte beide Arme in die Höhe und zeigte damit unumwunden seine Begeisterung. Weitere Kinder machten es ihm nach. Die Reaktion schwappte wie eine Welle durch die Reihen.

„So viel Begeisterung hat der Nikolaus noch nie eingefahren", zischte Ella Ronny zu. Die Rektorin winkte mit dem freien Arm, als dirigiere sie ein Orchester, das sich anhörte, als stimme es gerade seine Instrumente. Es dauerte lange, bis es wieder ruhig war.

„Leider ist das Kostüm heute nicht ... passend."

Ronny empfand Mitleid mit seiner Chefin. Offenbar wusste sie nicht, wie sie die Situation retten sollte.

Weit hinten ging eine Hand nach oben. Sie gehörte Joel, einem äußerst aufgeweckten Viertklässler, der seit drei Jahren im Rollstuhl saß.

„Ja, Joel?" Frau Krämer war dem Jungen besonders zugeneigt, das wusste jeder hier an der Schule.

„Aber es passt doch", rief Joel begeistert.

Von Ella kam ein ersticktes Kichern und ein bewundernder Seitenblick. Ronny vermutete jedoch, dass Joel nicht auf die Konfektionsgröße anspielte. Die Rektorin fragte erstaunt: „Wie meinst du das?"

„Der Nikolaus war doch auch jemand, der anderen geholfen hat."

„Da hast du natürlich recht", stimmte Frau Krämer zu. Vermutlich hoffte sie, spätere Proteste entsetzter Eltern mit genau diesem Argument abschwächen zu können.

„Und bald ist Weihnachten", fuhr Joel mit lauter Stimme fort, „vielleicht ist Herr Benz als Superheld verkleidet, weil Jesus auch einer ist."

Ronny verdrehte die Augen. So viel dazu, unerkannt zu bleiben!

Joel hatte noch eine Idee: „Jesus muss ja auch immer ganz schnell von einem Ende der Erde zum anderen flitzen, um überall da sein zu können, wo gerade jemand mit ihm redet oder seine Hilfe braucht."

Einige Köpfe wandten sich interessiert zu Joel um. Jesus ein Superheld – das klang ja durchaus spannend.

„Tja, dann ... darf Flash euch etwas über Superhelden erzählen." Frau Krämer trat die Flucht an.

Ronny nahm die Gelegenheit wahr und erzählte der gespannt lauschenden Schülerschar davon, dass Jesus auf die Welt gekommen war, weil er jeden Menschen retten wollte. Und davon, dass Jesus sogar weitaus besser ist als Flash, da er überall auf der Welt gleichzeitig hilft – während Flash, egal, wie schnell er auch läuft, immer nur an einem Ort sein kann.

„Und", schloss er schließlich, von der Aufmerksamkeit der Schüler begeistert: „Während Flash immer schnell wieder verschwindet, weil er nicht erkannt werden darf, könnt ihr Jesus ganz persönlich kennenlernen. Ihr dürft einfach mit ihm reden; das ist das, was wir ‚beten' nennen. Denn

Jesus gibt es wirklich, während Flash ja nur eine ausgedachte Comicfigur ist."

Gebannt schauten die Kinder zu ihm auf, als plötzlich Mia aus der 3b sich meldete: „Erzählen Sie uns mehr von Jesus? Wir haben doch Reli-Unterricht bei Ihnen."

„Das mache ich gern." Ronny war plötzlich richtig froh, dass sein Vorgänger das Nikolauskostüm abgefackelt hatte. Und es war ihm völlig egal, wie albern er aussah, dass das Kunstleder an ihm klebte wie eine nasse, zweite Haut, und er vermutlich Stunden benötigen würde, um aus dem Kostüm wieder herauszukommen. Selten hatte sich ihm eine bessere Chance geboten, Kindern von Jesus zu erzählen, und noch nie zuvor war er von ihnen so erwartungsvoll angestrahlt worden wie in diesem Moment.

7

Weihnachten in Oregon

Carole kicherte, als Branca ein Apfel aus den Händen glitt. Die Frucht rollte davon und verbarg sich unter den ausladenden Zweigen der Douglaskiefer. Jene Seite des Christbaums, die Carole schmückte, war bereits mit mehreren rotwangigen Äpfeln und Nussgirlanden behängt, dazwischen schimmerten rote Stoffschleifen. Brancas Seite wies nur eine schief hängende Schleife und zwei Äpfel auf, von dem einer sich wohl bald ebenfalls der Schwerkraft ergeben würde.

„Würdest du bitte den Apfel holen?", stieß Branca ungehalten hervor. „Du bist jünger als ich und noch nicht zurechtgemacht." Um ihren Worten Nachdruck zu verleihen, strich sie den Stoff ihres ausladenden Festkleides glatt, das sie eigens für Weihnachten hervorgeholt hatte. Es handelte sich um das letzte Kleid aus ihrem alten, feudalen Leben in South Carolina.

Branca schien ihrem alten Leben in den Südstaaten nachzuhängen, denn sie seufzte theatralisch. „Wäre ich nur zu Hause auf der Plantage geblieben. Bei Denise. Dann müsste ich mich nicht mit diesem widerspenstigen Obst herumschlagen. Einer der Haussklaven würde den Baum schmücken. Und die anderen wären seit dem Morgengrauen in der Küche beschäftigt, um unser Festessen zuzubereiten." Branca seufzte erneut, und Carole verdrehte die Augen, stieg vom Holztritt und kroch unter die ausladenden Äste. Doch auch dort konnte sie den unzufriedenen Worten ihrer Schwester nicht entkommen.

„Ich hätte ein neues Kleid und müsste nicht diese grauenhaft juckende Unterwäsche tragen. Es wäre viel wärmer und ..."

Carole ergriff den Apfel und robbte umständlich zurück. Dabei pflückten die Äste ein paar Haarsträhnen aus ihrer Aufsteckfrisur, was sie jedoch nicht weiter störte. Im Gegensatz zu ihrer Schwester machte sie sich kaum etwas aus Äußerlichkeiten.

„Erinnerst du dich daran, wie das Tafelsilber im Kerzenschein schimmerte? Oder an die Reflexionen der geschliffenen Kristallgläser? An den glänzenden Fußboden, die seidigen Wandtapeten, die goldgerahmten Gemälde ...?" Branca breitete die Arme aus, schloss die Augen und drehte sich im Kreis.

Vermutlich stellte Branca sich gerade vor, wie sie in einem geschmückten Salon tanzte, eingehüllt in einen Traum aus

Moiré und Spitze, geschnürt durch ein Korsett, den Reifrock umgebunden – eine Vorstellung, die für Carole wohl eher ein Albtraum war.

Ihre Schwester drehte sich noch immer gedankenverloren im Kreis, ein versonnenes Lächeln auf den Lippen. Dabei streifte sie mit der Hand einen Ast des Christbaums, und die beiden einzigen Äpfel, die sie bisher aufgehängt hatten, fielen polternd auf den roh gezimmerten Holzboden.

Carole lachte laut auf.

Im selben Augenblick schwang die Eingangstür auf. Ein kräftiger Windstoß trug Schneeflocken herein, fegte die eigens für diesen Tag hervorgeholte Tischdecke zu Boden und schob Joanna förmlich vor sich her. Die ältere Schwester von Branca und Carole musste sich mit ihrem ganzen Körpergewicht gegen die robuste Tür stemmen, um diese wieder zu schließen.

Schneehauben schmückten Joannas Kopf und die Schultern. Dass nicht nur ihre Stiefel, sondern auch der Rock und die Schürze bis fast zu den Knien voll der weißen Pracht klebten, verdeutlichte, wie viel Schnee allein in den vergangenen zwei Stunden gefallen war, und es schien kein Ende in Sicht zu sein.

„Unser liebes Schwesterherz Beckie und ihr Mann Andy werden bei diesem Wetter sicher nicht hier heraufkommen", sagte Joanna und klopfte sich den Schnee ab.

Carole biss sich auf die Unterlippe. Was Joanna nicht sagte, war an der Falte auf ihrer Stirn abzulesen: Sie machte sich Sorgen um ihren Ehemann.

In seiner Funktion als Prediger war Alec vor drei Tagen in eine benachbarte Siedlung geritten. Er würde garantiert nichts unversucht lassen, um an diesem ersten Weihnachtsfest in ihrer neuen Heimat Oregon nach Hause zu kommen. Dabei war wohl auch er von dem Schneesturm überrascht worden.

Joanna trat an den offenen Kamin und wärmte sich die Hände am prasselnden Feuer. Ihr Gesicht war vor Kälte gerötet, sie klapperte leise mit den Zähnen.

„Was können wir tun?", fragte Carole, drückte Branca den Apfel in die Hand und ging zu ihrer Schwester hinüber. „Ich kann eines der Pferde satteln und –"

„Glaub mir, Carole. Wenn ich das für sinnvoll erachten würde, wäre ich längst unterwegs." Joanna strich Carole sanft über den Arm. „Aber stell bitte Kerzen in die Fenster. Das wird Alec die Orientierung erleichtern."

Carole wandte sich ab und eilte in die kleine Vorratskammer. Ihr Herz pochte kräftig, Unruhe breitete sich in ihr aus. Joanna gab wieder einmal die starke große Schwester, doch ihre Angst um Alec, mit dem sie seit zwei Monaten verheiratet war, musste immens sein.

Nicht zum ersten Mal, seit sie und ihre beiden Schwestern bei Joanna und Alec eingezogen waren, wurde Carole bewusst, wie groß, ja beinahe luxuriös das Holzhaus war. Alec, dessen Bruder Mike und vor allem Steward, der Älteste der Steinmann-Geschwister, hatten sich beim Hausbau wirklich selbst übertroffen – in dem Wissen, dass die von einer Plantage im Süden stammenden Frauen allerlei

Luxus gewohnt waren. Und weil Alec sein neues Zuhause nicht nur für sich und seine Braut errichtet hatte, sondern auch für deren drei Schwestern.

Voller Dankbarkeit für Alecs Großherzigkeit legte Carole eine Bienenwachskerze nach der anderen in ihre Baumwollschürze. Dann schloss sie leise die Tür der Vorratskammer und kam zurück in den Hauptraum, stellte die Kerzen in die Fenster und zündete sie mit einem Span aus der Feuerstelle an.

„Komm, Joanna, du kannst mir beim Baumschmücken helfen", schlug Branca vor, was Carole mit einem beipflichtenden Lächeln quittierte. Vermutlich war es gut, Joannas Hände beschäftigt zu halten, damit sie nicht auf dumme Gedanken kam – auf gefährliche Gedanken. Zwar war sie jetzt eine verheiratete Frau, aber deshalb nicht unbedingt besonnener oder weniger abenteuerlustig als früher.

Ellie, die jüngste der Geschwister, hatte bislang in der Küche gewirtschaftet. Jetzt half sie den anderen beim Dekorieren des Hauses. Ihr heiteres, noch kindliches Wesen machte aus den weihnachtlichen Vorbereitungen eine fröhliche Angelegenheit.

Ja, die Schwestern lachten viel und neckten sich gern gegenseitig. Dennoch entging Carole nicht, dass Joanna ständig zur Tür blickte. In der Hoffnung, dass der nächste kräftige Windstoß nicht nur dröhnend gegen das Holzhaus drückte und durch den Kamin pfiff, sondern Alec herbeiwehen würde. Doch die Tür blieb geschlossen. Der Sturm donnerte anhaltend über die Berge hinweg und warf dichten Schnee vom Himmel.

Joanna sah zur Uhr und entschied seufzend, dass sie ohne Alec mit dem Festessen beginnen sollten. Sie stellte das Rehfleisch, die Maiskolben und die letzten Kartoffeln, die von ihrer Reise gen Westen übrig waren, auf den Tisch. Es fiel Ellie zu, das Tischgebet zu sprechen. Als sie Gott darum bat, Alec doch bitte zu beschützen, schluchzte Joanna kurz auf.

Die ansonsten redseligen Schwestern aßen schweigend, nur das Klappern des Bestecks war zu vernehmen. Die Stille erlaubte dem Wüten des Schneesturms, sich immer mehr in ihren Herzen zu verfangen.

Carole starrte nach draußen. Doch dann atmete sie tief durch. Ihr war bewusst geworden, dass all ihr Sorgen und Grübeln, die bedrückte Stimmung und der ständige Blick zur Tür Alec nicht schneller oder sicherer zurückbringen würde. Sie hatten für ihn gebetet und glaubten an die Macht des Gebetes, jetzt mussten sie auch darauf vertrauen, dass Gott bei Alec war und keine Fehler beging. Also ging sie dazu über, Branca ein wenig aufzuziehen. Bald entspann sich fröhliches Geplauder unter den Schwestern; gegenseitig erinnerten sie sich an lustige Begebenheiten der vergangenen Heiligabende. Joanna beteiligte sich zwar nicht aktiv am Gespräch, stimmte aber gelegentlich in das Kichern der Schwestern mit ein.

Plötzlich schwang die Tür auf und knallte gegen die Wand dahinter. Zwei Kerzen erloschen unter dem eisigen Luftzug, die Tischdecke blähte sich und Brancas Rock raschelte.

„Alec!" Joanna sprang so hastig auf, dass ihr Stuhl hintenüber kippte. Sie fiel ihrem Mann um den Hals, der sie fest an sich presste. Er glich vielmehr einem Schneemann als einem Pferdezüchter und Gottesmann.

Carole erhob sich ebenfalls und stemmte die schwere Tür zu. Dabei hörte sie, wie Alec Joanna zu beruhigen versuchte, während sie gleichzeitig ihren Mann als leichtsinnig bezeichnete – ihre Art, um ihm gegenüber ihre Erleichterung zum Ausdruck zu bringen. Schließlich zog Joanna Alec hinter sich her in deren Schlafzimmer, denn er musste dringend von den klammen, nassen Kleidern befreit werden.

Carole grinste den beiden hinterher. Ellie war inzwischen ebenfalls vom Tisch aufgestanden und machte sich daran, Kaffee aufzusetzen und das Essen für Alec aufzuwärmen. Branca hingegen blickte seltsam starr auf den geschmückten Baum, während ihre Hände in einem fort über den exquisiten Stoff ihres Rockes strichen. Ob sie sich Gedanken darüber machte, dass Glück und Zufriedenheit nicht an schöne Dinge und an Reichtum gebunden waren? Dass es weit Wichtigeres gab als mondäne Kleider, wertvoller Schmuck, ein edel ausgestattetes Haus und dienstbare Geister? Carole hoffte so sehr, dass Branca endlich verstand, dass sie sich an all das nicht zu klammern brauchte.

Wie viel Leid hatte ihnen die Habgier anderer eingebracht, die sich nach dem Reichtum und dem Ansehen der Familie ausgestreckt hatten. Sie hatten ihre Heimat verlassen müssen und waren hier gelandet, in den Wäldern von Oregon.

Carole lächelte, als sie Joanna glücklich auflachen hörte, wandte sich aber wieder Branca zu. Vielleicht hatte ihre ältere Schwester ja heute verstanden, dass es völlig gleichgültig war, ob sie in einem feudalen Gebäude oder in einem rustikalen Holzhaus lebte. Ob andere sie bedienten oder sie eigenhändig ihre Aufgaben verrichten musste. Das Einzige, was sie alle wirklich brauchten, war ein tiefes Vertrauen in Jesus.

Die Figuren in dieser Geschichte entstammen meinem Roman „Wohin der Wind uns trägt". Die Handlung spielt in der Pionierzeit der Vereinigten Staaten von Amerika.

8

Der Glasstern

Markus öffnete den Karton und schaute fasziniert auf den sanft schimmernden Stern darin. Das Sonnenlicht brach sich blau, violett und gelb im Glasschliff. Bewundernd hielt der Neunjährige den Atem an. Der Glasstern, den die Mutter von ihrer Großmutter geerbt hatte, war wunderschön anzusehen. Vorsichtig berührte Markus einen der zerbrechlich aussehenden Zacken. Er fühlte sich so kalt und glatt an wie Eis. Wie herrlich würde er am Fenster blinken und blitzen, vor allem jetzt, wo draußen gut ein halber Meter Schnee lag!

Markus lauschte auf das Summen seiner Mutter, das mit dem Duft frisch gebackener Plätzchen aus der Küche zu ihm drang. Er hörte, wie sie ein Blech aus dem Backofen zog und ein anderes hineinschob. Sicher, dass seine Mutter gerade beschäftigt war, griff Markus nach dem goldenen

Schmuckband und hob den Stern in die Höhe. Wie er funkelte! Der Junge lachte, als er die regenbogenfarbenen Reflexionen über die Wand und die Decke tanzen sah.

Niemals zuvor hatte er etwas Schöneres gesehen.

Da geschah es. Ein Ende des unverknoteten Goldbandes rutschte zwischen seinem Daumen und Zeigefinger hindurch. Der Glasstern fiel erst auf die Couch und von dort zu Boden. Mit einem Klirren schlug er auf dem Parkett auf. Heiße Schauer jagten Markus über den Rücken. Er beugte sich nach vorn und schnappte erschrocken nach Luft, als er sah, dass eine der Spitzen abgebrochen war. Wie ein dünner, langer Eiszapfen lag eine Zacke neben dem für seine Mutter so wertvollen Erbstück.

In Panik und ohne nachzudenken griff Markus nach dem Stern, legte ihn in das raschelnde Seidenpapier im Karton, hob den abgebrochenen Strahl auf und bettete ihn so, dass man auf den ersten Blick nicht sehen konnte, dass er nicht mehr fest mit dem Kunstwerk verbunden war. Leise, mit kräftig zitternden Händen, verschloss Markus den Karton und schob ihn zurück zu den anderen Schachteln auf der Couch. Er betrachtete die mit weihnachtlichem Geschenkpapier eingebundene Schachtel nun, als sei sie sein größter Feind.

Was sollte er jetzt tun? Musste er seiner Mutter sagen, was er getan hatte? Bekümmert setzte er sich in den Sessel, zog die Knie an und umschloss die Beine mit seinen dünnen Ärmchen. Er hatte doch bereits in der vergangenen Woche beim Tischabwischen den Adventskranz hinuntergestoßen. Zwei Kerzen und alle Glaskugeln waren kaputt gewesen. Nur einen Tag später hatte er die Tasse seiner älteren Schwester Lisa fallen lassen. Die mit den galoppierenden Rappen darauf, die sie so liebte. Und wie lange war es her, dass er mit einem Tennisball den Garderobenspiegel zertrümmert hatte, obwohl er genau wusste, dass er im Haus nicht Ball spielen durfte?

Mit Tränen in den Augen vergrub Markus das Gesicht zwischen den Knien und wünschte sich, sehr weit fort zu sein. Seine Vorfreude auf den morgigen Heiligabend und die darauffolgenden Weihnachtsfeiertage war dahin; zerbrochen wie der Glasstern.

Eine Bewegung an der Tür ließ ihn erschrocken auffahren. Hatte jemand sein Missgeschick beobachtet? Er konnte niemanden sehen. Vermutlich war seine Mutter von der Küche in den Keller geeilt, ohne ihn zu beachten. Allerdings wollte sich bei ihm keine Erleichterung einstellen. Mit wütendem Blick taxierte er den bunten Karton. Weshalb hatte er da so einladend herumgestanden? Warum hatte sein Vater die Schachteln mit dem Christbaumschmuck nicht erst heute Abend vom Dachboden heruntergeholt, sondern schon an diesem Morgen?

Markus lehnte den Kopf an die Sessellehne zurück und betrachtete die Zimmerdecke. Sein Vater war beim Treppensteigen unsanft gegen die Speichertür gestoßen, dabei waren die Kisten in seinen Armen bedenklich ins Wanken geraten. Das hatte er genau gesehen. Vielleicht würde seine Mutter annehmen, dass der Stern beim Zusammenprall mit der Tür zersprungen war? Erleichtert sprang der Junge auf die Füße und trollte sich in sein Zimmer. Er hatte gute Chancen, ohne eine Standpauke wegen seiner Unachtsamkeit aus der Sache herauszukommen ...

* * *

Die Nacht war an diesem 24. Dezember hereingebrochen. Markus hüpfte vergnügt vor seinen Eltern und Lisa, seiner drei Jahre älteren Schwester, über den Gehweg. Der Gottesdienst in einer nur mit Kerzen ausgeleuchteten Kirche hatte ihm gut gefallen. Alles war so heimelig und feierlich gewesen. Sobald sie zu Hause eintrafen, würden Lisa und er ihre Geschenke auspacken dürfen. Die lagen seit dem Vorabend hübsch verpackt unter dem Christbaum, an dem ihr Vater gleich die Kerzen anzünden würde, kaum dass er den Mantel abgelegt und die Schuhe ausgezogen hatte. So war es jedes Jahr und so würde es auch dieses Mal sein.

Markus rannte ein Stück voraus und bog in die Straße ein, in der ihr Haus stand. Hingerissen betrachtete er ein paar lange Eiszapfen; sie hingen in Reih und Glied entlang einer rostigen Dachrinne an einer niedrig gebauten Scheune. Das Mondlicht und der fluoreszierende Schnee ließen sie in einem matten Blauton schimmern. Der Junge stapfte durch die Schneewehen bis an die Scheunenwand, ergriff einen der Eiszapfen und brach ihn ab. Eiskalt und glatt lag er in der Kinderhand.

Doch augenblicklich durchfuhr ihn die Erinnerung an den abgebrochenen Sternenstrahl. Entsetzt starrte er den

Eiszapfen an, fühlte die Kälte in seine Hand eindringen und die winzigen Wasserperlen, die über seine Finger rannen. Markus ließ den Eiszapfen fallen, als habe er sich an ihm verbrannt. Missmutig schob er die Hände tief in die Taschen seiner Jacke und begab sich auf den Gehweg zurück, um hinter seinen Eltern und Lisa herzutrotten, die ihn mittlerweile überholt hatten.

Sein kleines Herz schlug kräftig. Heute, zu später Stunde, als Abschluss des Heiligabends, wollte seine Mutter den Glasstern ins Wohnzimmerfenster hängen – genau so, wie ihre Großmutter es über viele Jahrzehnte hinweg getan hatte. Das würde eine böse Überraschung geben!

Jegliche Vorfreude auf das Kerzenlicht am Baum und seine Geschenke war verflogen. Übellaunig schälte Markus sich aus seiner warmen Kleidung und setzte sich neben Lisa auf die Couch – die Couch, auf die das geliebte, mit Erinnerungen versehene Schmuckstück seiner Urgroßmutter gefallen und von dort zu Boden gerutscht war. Es gelang ihm nicht, diesen Vorfall aus seinen Gedanken zu vertreiben. Nicht, während er seine Geschenke auspackte, nicht, während sie heißen Kinderpunsch und das Weihnachtsgebäck genossen, und auch nicht, als Lisa ein Weihnachtslied auf dem Klavier spielte.

Dann war der gefürchtete Augenblick gekommen. Markus' Mutter zog den Karton unter dem Baum hervor und öffnete ihn. Ihr Gesicht schien zu einer Maske zu erstarren. Lange Zeit blickte sie auf den Inhalt, der eigentlich – geschützt in Seidenpapier gebettet – in seiner ganzen Pracht darin liegen sollte.

„Er ist kaputt", hörte Markus sie tonlos sagen. Gleichzeitig sah er, wie sich ihre Augen mit Tränen füllten. Betreten senkte er den Blick. Der Schmerz, den die Mutter in diesem Moment empfand, schnürte ihm die Kehle zu.

„War ich das?", fragte der Vater. Auch ihm war seine Betroffenheit über die unerwartet heftige Reaktion seiner Frau anzuhören. „Ich bin doch mit den Kisten an der Tür hängen geblieben."

Obwohl nun genau das geschah, was Markus sich erhofft hatte, fühlte er keinerlei Erleichterung.

„Ich habe den Stern runtergetragen", sagte die Mutter leise. „Als ich sah, wie viele Schachteln auf einmal du die Treppe runtertragen wolltest, habe ich die mit Omas Stern vorsichtshalber vom Stapel genommen."

Markus drohte das Herz – beinahe wie das Glas – zu zerspringen. Er war entlarvt! Jetzt würde herauskommen, dass er Schuld an der Zerstörung trug.

Plötzlich stand Lisa auf, stellte sich neben ihre Mutter und legte ihr eine Hand auf die Schulter. „Mama, es könnte meine Schuld gewesen sein. Ich bin an den Karton gestoßen, und er fiel dann zu Boden. Es tut mir sehr leid."

„Ich hätte ihn nicht so unachtsam auf die Couch stellen dürfen", seufzte Mutter. Sie tätschelte beruhigend Lisas Arm, schloss dann den Deckel und stellte den Karton beiseite.

Markus verstand nicht recht, was hier vor sich ging, doch er war so erleichtert, dass er sich ohne Murren ins Bett schicken ließ. Der prüfende Blick seines Vaters entging ihm dabei nicht. Ob er mehr wusste, als er gesagt hatte?

Schon wieder von einem furchtbar schlechten Gewissen eingeholt, legte sich Markus wenig später ins Bett und starrte schlaflos in die Dunkelheit. Er war froh, als die Tür einen Spalt weit geöffnet wurde und sich im Lichtschein aus dem Flur die breite Gestalt seines Vaters abzeichnete. Er trat ein und setzte sich auf die Bettkante.

„Warum hast du Mama nicht erzählt, was geschehen ist? Gleich gestern, als dir der Stern aus der Hand gefallen ist?"

„Du hast es gesehen?", fragte Markus überrascht.

Sein Vater nickte nur.

„Aber – warum hast du nichts gesagt?" Der Junge war irritiert.

„Ich wollte dir die Chance geben, die Angelegenheit mit Mama allein zu klären", antwortete sein Vater.

Ein Schluchzen, das sich tief im Inneren von Markus aufgestaut hatte, brach sich Bahn. „Ich... ich hatte solche Angst, Ärger zu bekommen. Ich... In den letzten Wochen habe ich ziemlich viel kaputtgemacht. Und Mama war so glücklich, als sie den Glasstern ihrer Oma bekam. Ich habe ihr Lächeln gesehen, als sie ihn uns zeigte... und Lisa und mir erzählte, wie gern sie ihn bei Uroma immer angesehen hatte."

Dicke Tränen kullerten über das Gesicht des Jungen. Der Vater legte ihm seine warme Hand aufs Haar.

Die Berührung empfand Markus als wohltuend, tröstlich. Er schniefte und fragte: „Aber warum hat Lisa behauptet, dass sie den Stern runtergeworfen hat?"

„Lisa hat die Schachtel wirklich vom Sofa gestoßen, konnte aber natürlich nicht wissen, dass der Stern zuvor schon kaputt war. Sie wusste bis vorhin wohl nicht einmal, was sich in dem Karton befand."

„Und warum wolltest du die Schuld auf dich nehmen, Papa?"

Markus' Vater lehnte sich seitlich an das Kopfende des Bettes. „Vielleicht war es falsch von mir, so lange mit der Wahrheit zu warten, aber ich wollte dir den Heiligabend nicht verderben. Also versuchte ich, vorerst die Schuld auf mich zu nehmen. Ich hatte geplant, die Angelegenheit morgen oder nach den Feiertagen aufzuklären. Aber nachdem ich den Eindruck gewonnen hatte, dass dir der Abend ohnehin verdorben war, wollte ich sofort mit dir sprechen."

„Das war sehr lieb von dir", murmelte Markus.

„Na ja", sein Vater zögerte, rieb sich mit der Hand über die Bartstoppeln und fügte hinzu: „Ich fürchte, es wäre besser gewesen, gleich das Gespräch zwischen Mama und dir voranzutreiben, anstatt zu warten."

„Dann hast du also auch einen Fehler gemacht?" Staunend blickte Markus ins Gesicht seines Vaters.

Der lachte. „Ich habe in meinem Leben schon eine Menge falsch angepackt, mein Lieber! Und ich bin nur froh, dass ich einen Freund kenne, der die Schuld für alle meine Fehler auf sich nimmt, sobald ich sie aufrichtig bereue."

„Meinst du Jesus?"

„Richtig, Markus. Ich meine Jesus. Dieses Kind, dessen Geburt wir heute gefeiert haben, ist irgendwann erwachsen geworden und hat meine und deine Fehler auf sich genommen und sich dafür bestrafen lassen."

„Er hat sich an dieses hässliche Kreuz nageln lassen."

Der Vater nickte. „Nur so können wir – selbst heute noch – Vergebung erfahren."

„Ob Mama mir auch vergeben kann?"

„Sicher kann sie das." Der Vater lächelte den Jungen an.

Markus seufzte erleichtert und schloss die Augen. Er fand es so gut, dass Jesus auch einmal ein Kind gewesen war. So konnte er bestimmt viel besser verstehen, was in einem Kinderherzen vor sich ging.

Obwohl Markus sehr müde war, stand er nochmals auf und kuschelte sich zu seiner Mutter ins Bett, um lange mit ihr zu reden.

Ab diesem Weihnachtsfest hängte der Junge jedes Jahr an Heiligabend den Stern mit seiner geklebten Zacke ans Wohnzimmerfenster. Er erinnerte sie alle daran, dass sie nicht vollkommen waren und das Kind in der Krippe der einzige Weg zur Vergebung ist.

9
Heiligabend im Irish Pub

Die Menschen strömten aus der Kirche. Dort wurden sie von einer für den vierundzwanzigsten Dezember ungewöhnlich milden Temperatur empfangen, und einem Himmel, der förmlich glühte, da die Sonne gerade im Begriff stand, sich hinter den schwarzen Silhouetten der Hausdächer und Hochhäuser zu verstecken.

Als Katharina auf das unebene Kopfsteinpflaster trat, gesellte sich Verena zu ihr, mit der sie sich nach dem Gottesdienst schon einige Male unterhalten hatte.

„Wie wirst du Heiligabend verbringen?", fragte Verena interessiert, ihre beiden Sprösslinge aufmerksam im Blick.

„Wie immer in den letzten Jahren: im Irish Pub", antwortete Katharina. Die entgleisten Gesichtszüge der jungen Mutter, an der zwei Kleinkinder zerrten, verleiteten

65

Katharina zu einem Grinsen. Diese Antwort sorgte bei anderen gelegentlich für Irritation.

Verena presste die Lippen zusammen. „Wir feiern traditionell. Du weißt schon: im Kreise der Lieben, mit einem Baum, unter dem die Geschenke liegen."

„Das passt eben nicht zu jedem", erwiderte Katharina und zuckte mit den Schultern.

„Ja? Also ich muss zugeben, ich hätte dich ... anders eingeschätzt." Verenas Blick huschte über Katharinas Kurzmantel in knalligem Rot, dann zu der eng sitzenden schwarzen Jeans und den silbernen Stiefeln mit dem hohen Schaft.

„Ich wünsche euch viel Spaß!", rief Katharina salopp und eilte davon. Einige Querstraßen weiter schob sie sich an einer kleinen Ansammlung angetrunkener Männer vorbei durch eine Holztür mit Buntglasfenstern. Hitze, abgestandene Luft und der Geruch von Schweiß und Bier schlugen ihr entgegen, gefolgt von lautem Stimmengewirr und Gelächter. Sie mochte die vielschichtige Atmosphäre des Irish Pub. Lebensfreude, die auf Verzweiflung traf. Ausgelassenheit auf Resignation. Partylaune auf Begräbnisstimmung.

Das rustikale Mobiliar, trübe Kugellampen, die einen orangefarbenen Schein verbreiteten, und ein großer Spiegel hinter der Theke, von dessen Rahmen die Goldfarbe unaufhaltsam abblätterte, verstärkten den Eindruck, in einer Spelunke aus dem vorherigen Jahrhundert gelandet zu sein. Doch Dorothy, eine waschechte Irin, hatte nicht viel übrig für Chrom, feine Tischdecken, filigrane Gläser oder zu grelles Licht. Letzteres hauptsächlich deshalb, weil das allzu

deutlich offenbaren würde, dass sie die Siebzig bereits über-
schritten hatte.

„Da bist du ja." Dorothy, die mit acht Krügen Schwarzbier
in den Händen gerade einen Tisch ansteuerte, nickte ihr grü-
ßend zu.

„Tut mit leid, der Gottesdienst ging länger als gedacht."

„Gab es wenigstens etwas Neues zu berichten?" Dorothy
stellte die Glaskrüge mit lautem Knall auf die Tischplatte
und überließ es den Gästen, sie unter sich aufzuteilen.

„Es hat sich nichts geändert: Jesus kam im Stall zur Welt
und lag in einer Futterkrippe."

„Man sollte ja meinen, dass er nach all den Jahren mal ein
Fünf-Sterne-Hotel verdient hätte." Dorothy schob Katharina
hinter die Theke, wo sich schmutzige Gläser und angebro-
chene Flaschen mit hochprozentigem Inhalt ein Stelldich-
ein gaben.

„Magnus, deine Ablösung ist da!", brüllte die Frau gleich
darauf. Trotz des ständigen Geräuschpegels in der Kneipe
und der vier Jahre, die sie bereits hier arbeitete, hatte sich
Katharina noch immer nicht an Dorothys durchdringende
Stimme gewöhnt.

Magnus, ein Schrank von einem Mann mit sich spiegeln-
der Glatze und einem unübersehbaren Tattoo am Hals –
Zeuge seiner wilden Jugendjahre –, gesellte sich zu ihnen.
„Du bist ein Engel, Mäuschen."

„Eine Maus mit Engelsflügeln. Hübsche Vorstellung",
sagte Dorothy, griff nach ein paar Gläsern und versenkte sie
im schäumenden Spülwasser.

„Ich wünsche dir eine schöne Weihnachtsfeier mit deinen drei Frauen!", rief Katharina ihrem Kollegen nach. Magnus hatte eine hübsche junge Frau und seit zwei Jahren Zwillingstöchter, die er heiß und innig liebte.

„An die Arbeit, bevor die Gäste verdursten!", trieb Dorothy Katharina an. Die band sich eilig eine grüne Schürze um und quetschte sich durch die Stuhlreihen, um leere Gläser einzusammeln und neue Bestellungen entgegenzunehmen.

Allmählich verließen die meisten Gäste den Pub, vermutlich, weil sie sich zu irgendwelchen Familienfeiern begaben. Diese Zeit nutzten Dorothy und Katharina, um routiniert alle Tische abzuwischen, mehrere Kannen Kaffee aufzubrühen und Einmachgläser auf den Tischen zu verteilen. Jene waren mit Weihnachtsgebäck gefüllt, von dem Dorothy standhaft behauptete, sie habe es geschenkt bekommen. Doch da Dorothy zwei Tage vor Weihnachten immer verdächtig nach süßem Gebäck duftete, war sich Katharina sicher, dass sie zumindest einen Teil davon selbst backte.

Dorothy war eine überschwängliche und zugleich robuste Frau mit einem weichen Kern. Das hatte Katharina schon an ihrem ersten Arbeitstag festgestellt. Damals hatte Dorothy einen übergewichtigen Kerl im Nacken gepackt und zur Tür hinausbefördert, weil er Katharina, die neue und etwas unbeholfene Aushilfe, angepöbelt hatte.

Ein neuer Schwung Gäste traf ein, unter ihnen Studenten, ein paar Frauen mittleren Alters und Männer ab fünfzig, die sich alle einen entlegenen Platz suchten. Aber auch die restlichen Stühle füllten sich nach und nach.

Katharina nahm erst einmal die Getränkewünsche entgegen und eilte dann zu Dorothy hinter den Tresen. Von dort aus sah sie sich um. Die Gäste waren wie an ihrem ersten Heiligabend im Pub: eine bunte Menge wild zusammengewürfelter Menschen, die entweder dem Weihnachtstrubel zu entkommen versuchten oder schlicht nicht wussten, wohin sie gehen sollten, um den Abend nicht allein verbringen zu müssen.

Dorothy klappte den Deckel eines krummbeinigen Klaviers auf, und nachdem sie eine Abfolge von Akkorden angeschlagen hatte, verstummten die Gespräche. Einige der Anwesenden schauten erstaunt auf. Die, die nicht das erste Mal an einem vierundzwanzigsten Dezember hier waren, machten es sich so gemütlich, wie es auf den rustikalen Holzstühlen eben möglich war.

„Ich präsentiere euch unsere Jurastudentin Katharina." Nach Dorothys lautstarker Ankündigung ging ein Raunen durch den überhitzten Raum. Jemand lachte, ein anderer stöhnte gequält auf.

„Dorothy meinte vorhin, die Heilige Familie hätte sich endlich mal eine Nacht in einem Nobelhotel verdient, anstatt schon wieder im Stall übernachten zu müssen", plauderte Katharina.

„Und du willst das juristisch einfordern? Interessant!", rief eine männliche Stimme.

„Ich werde mich hüten!", erwiderte Katharina gelassen. „Mir ist ein Retter der Welt lieber, der zwar von ganz oben kommt, sich aber in die Niederungen eines sehr einfachen, schmutzigen und elenden Lebens hinabgegeben hat. So versteht er doch viel besser, was uns kleine Leute bewegt, welche Sorgen und Nöte uns quälen, als wenn er mit einem goldenen Löffel im Mund geboren worden wäre."

„Und was hast du jetzt vor?" Erneut die Stimme aus der Menge. Nicht unfreundlich, jedoch unüberhörbar irritiert.

„Lass sie doch mal anfangen!", forderte Manfred, ein Gast, der bereits an Katharinas erstem Heiligabend im Pub anwesend gewesen war und seitdem jedes Jahr kam. Manfred war seit mehr als sechs Jahren arbeitslos, seine Ehe war geschieden worden und beide Söhne ließen sich nur selten bei ihm sehen.

Was damals als spontaner Einfall von Dorothy entstanden war, hatte sich etabliert, lockte immer wieder dieselbe Klientel an, wie das Öffnen der Tür bewies. Gut ein Dutzend weitere Gäste kamen herein, unter ihnen Prostituierte, Obdachlose, Rentner und ein junger Mann, der nicht von den Drogen wegkam.

„Es geht los!" rief einer der Neuankömmlinge, die sich im Eingangsbereich drängten.

Dorothy griff in die Tasten und entlockte ihnen die Melodie von *Go Tell it on the Mountain* in einer reichlich irisch angehauchten Version. An der robusten Dame war zweifellos eine virtuose Pianistin verloren gegangen. Leider hatte ihre Familie nie die finanziellen Mittel besessen, sie zu einem Musikstudium zu schicken ...

Die Gespräche waren schlagartig verebbt und die Pub-Besucher schauten gespannt zum Klavier.

Katharina begann mit ihrer tiefen, leicht rauchigen Stimme zu singen. Das Duo wechselte zwischen Gospels, Spirituals, Jazz und althergebrachten Weihnachtsliedern.

Ein prickelndes Glücksgefühl stieg in Katharina auf. Dies war die Heiligabendfeier, die sie genoss: inmitten einer Gruppe unterschiedlichster Menschen zu sein, die nicht alle auf der Sonnenseite des Lebens standen, deren Mienen aber durch die Musik weicher wurden. Es waren Menschen, die sich an diesem vierundzwanzigsten Dezember tief berühren ließen von den Klängen und Liedtexten, und sogar verstohlen ein paar Tränen wegwischten. Katharina hoffte, dass sie Gott durch ihre Lieder dafür dankten, dass er den Erlöser der Welt geschickt hatte – auch oder gerade mitten hinein in den kleinen Irish Pub, in dem für ein paar Stunden das Gefühl der Einsamkeit und Niedergeschlagenheit der Gäste gewichen war.

10

Das Wunder in den Bergen

Erna schob die Trinkflasche zurück in ihren Rucksack. Dann schulterte sie diesen erneut. Ihr Blick wanderte prüfend über die kahle Felswand und den schneebedeckten Felsgrat, auf dem sie unterwegs war. Der Mond war nur eine schmale Sichel, die Sterne nicht mehr als ein schwacher Abglanz der Sonne, die andernorts schien. Noch. Denn sie war spät dran. Viel zu spät. Weit im Osten verriet ein erster heller Schimmer, dass der neue Tag die Nacht vertreiben wollte.

Erna war sehr darauf bedacht, wohin sie ihr Füße setzte, immerhin war der Schnee gefroren und glatt. Dennoch trieb eine innere Unruhe sie an, schneller zu gehen. Sie durfte hier oben nicht gesehen werden, sich nicht erwischen lassen. Trotz der Minusgrade geriet sie ins Schwitzen. Ihr Atem ging keuchend und bildete weiße Kondenswölkchen vor ihrem Gesicht. Sie wünschte sich sehnlichst, diese würden sie schützend wie ein Kokon umhüllen, damit niemand sie entdecken konnte.

Es fiel ihr schwer, das Tempo zu verringern, doch es wäre selbstmörderisch, die nun vor ihr liegende Geröllwand hinabsteigen zu wollen, ohne äußerst bedacht vorzugehen. Ehe sie den kaum erkennbaren, dem Fels abgetrotzten Pfad verließ, hob sie noch einmal den Blick. Der helle Schimmer im Osten hatte sich ausgedehnt. Der Farbe eines Feuers nicht unähnlich, lag er über der Bergkette und schickte lange, leuchtende Streifen in den blauschwarzen Nachthimmel. Die Sterne waren mittlerweile verblasst. Nebelschwaden stiegen aus den Tälern empor und gaukelten ihr graue Seen mit orangefarbenen Wellen vor – dort, wo das Licht bereits über die Berge hinwegstrich.

Erna seufzte. Eine Jüdin aus ihrer Fluchtgruppe hatte sich genau hier den Knöchel verknackst. Nur unter Tränen und der Mithilfe ihres Bruders hatte die junge Frau weitergehen können. Mehrmals war Erna versucht gewesen, sie zurückzulassen. Doch oberhalb der Baumgrenze wäre das nicht nur für die Frau tödlich gewesen, sondern auch für die nachfolgende Gruppe, die diesen Weg wählen wollte, um vor den Deutschen zu fliehen. Noch wussten diejenigen, die hier patrouillierten, nichts von dieser Fluchtroute. Aber wenn sie erst eine verletzte Jüdin aufgriffen ...

Erna vertrieb ihre düsteren Überlegungen und machte sich an den gefährlichen Abstieg. Sie musste beide Hände zu Hilfe nehmen, um nicht abzurutschen oder bröckelndes

Gestein loszutreten. Zu fallen wäre tödlich, ein lautes Geräusch ebenfalls.

Minutenlang kletterte sie abwärts, das Gesicht der Felswand zugewandt. Ihre übermüdeten Beine begannen zu zittern und ihr Magen knurrte. Die Müdigkeit forderte ihren Tribut, immerhin war sie seit mehr als achtzehn Stunden unterwegs.

Endlich kam sie am Fuße der Steilwand an. Nun würde es nicht mehr lange dauern, bis sie die ersten Kiefern erreichte und damit wenigstens ein bisschen Sichtschutz hatte. Sie drehte sich um und erstarrte. Lichtpunkte huschten durch den noch im Dunkeln liegenden Wald.

„Gott, steh mir bei", flüsterte sie. Dann rannte sie los. Ohne Rücksicht auf die steil abfallende Wand links von ihr. Lose Steine knirschten unter ihren Schuhen. Der Rucksack auf ihrem Rücken hüpfte auf und ab. Schweißperlen liefen ihr über den Rücken und das Gesicht. Die Kälte in ihren Füßen war vergessen. Ebenso die Erschöpfung. Jetzt ging es nur noch um ihr Leben.

Endlich erreichte Erna die erste verkrüppelte Kiefer neben stacheligen Sträuchern und größeren Schneeverwehungen. Sie ließ sich zu Boden fallen und schloss die Augen; lauschte mit angehaltenem Atem.

Eine Männerstimme drang zu ihr vor, dann eine zweite. Jemand lachte verhalten. Erna zitterte. Wartete. Betete. Hoffte. Vergebens?

Die glasklare, eisige Luft trug die Schritte der Männer auf dem gekiesten Waldpfad bis zu ihr herauf. Also drückte sie sich noch tiefer in den Busch. Sie ignorierte den Schmerz der in ihre Haut eindringenden Dornen. Die Häscher kamen genau auf sie zu. Sie würden sie sehen, denn es war nicht mehr dunkel genug.

Ich brauche ein Wunder!, flehte Erna zu Gott. Ihre Gedanken wanderten zu ihren Eltern und der jüngeren Schwester, die an diesem Weihnachtsmorgen bestimmt noch fest schliefen. Wie schnell würden sie bemerken, dass Erna überfällig war? Wie würden sie damit zurechtkommen, wenn sie nicht mehr zum Berghof zurückkam – ja vielmehr jemand von der Gestapo bei ihnen auftauchen würde, um ihnen von Ernas Verhaftung oder ihrem Tod zu erzählen und auch sie zu verhören? Ob die Gestapo ihnen glauben würde, wenn sie beteuerten, nichts von Ernas nächtlichen Aktionen zu wissen?

Erneut hörte sie eine Männerstimme, jetzt schon viel näher als zuvor. Erna drehte leicht den Kopf. Sie sah zur Geröllwand hinauf. Ob sie entkommen konnte, wenn sie diese wieder hinaufkletterte? Immerhin kannte sie die beste Strecke und war – obwohl erschöpft – leichtfüßig und schnell. Allerdings waren die Männer bewaffnet. Sie würden sie nicht fliehen lassen. Aber so konnte sie zumindest den Verhören entgehen, etwaiger Folter ...

Noch ehe sie sich zu einer Entscheidung durchringen konnte, vernahm sie ein Geräusch. Einige Steine lösten sich aus der steilen Felswand; sie polterten in die Tiefe und rissen dabei weiteres Gestein mit sich. Der aufsteigende Geröllstaub wurde von den ersten Strahlen der Sonne beleuchtet. Er glitzerte goldfarben.

Erna sah drei schwarze Silhouetten. Sie standen einen Augenblick lang wie erstarrt da, doch nun rannten sie los. Fort von ihr, in die entgegengesetzte Richtung, dorthin, wo noch immer eine Gesteinslawine meterhoch Staub aufwarf und donnernd in die Tiefe stürzte.

Erna starrte ungläubig auf die Staubwolken und den Gestalten nach, die den vermeintlich Flüchtenden folgten. Sie erlebte tatsächlich gerade ihr Wunder!

Eilig schob sie sich aus dem Unterholz, hastete geduckt davon und erreichte bald die ersten Ausläufer des Waldes. Ohne Rücksicht auf ihr Gesicht, das von den Zweigen zerkratzt wurde, drang sie zwischen die dicht stehenden Nadelbäume ein. Einen Pfad gab es hier nicht, aber im Moment musste sie einfach nur bergab laufen und so viel Distanz wie möglich zwischen sich und ihre Häscher bringen. Sie hielt sich an den Trägern ihres Rucksacks fest und rannte wie noch nie zuvor in ihrem Leben.

Gelegentlich fing Erna ihren Schwung ab, indem sie die Hände gegen die rauen Borken der Stämme stützte. Dabei bohrten sich abgebrochen Äste in ihre Handflächen. Doch das war nichts, was sie aufhielt. Sie lief und lief. Bis ihre Lunge schmerzte und ihre Beine so erschöpft waren, dass sie unter ihr nachgaben. Also ließ sie sich zu Boden gleiten, den Rücken an einen großen kalten Findling gelehnt. Sie kannte den Stein und wusste, dass sie nicht mehr weit vom elterlichen Bauernhof entfernt war.

Erleichtert schloss Erna die Augen und rief sich das Geschehen von vorhin in Erinnerung. Die Gerölllawine hatte sie gerettet. Aber was genau hatte sie ausgelöst? Denn dort oben war nichts gewesen, das den ersten Stein losgetreten hatte – kein Mensch, kein Tier. Erna hatte die Stelle genau im Blick gehabt. Und doch war es passiert. Gänzlich ohne menschliches Zutun war ein Stein ins Rollen geraten.

Erna lachte leise vor sich hin. Es war Weihnachten. Damals, vor fast zweitausend Jahren, war ebenfalls ohne menschliches Zutun ein Stein losgetreten und ins Rollen gebracht worden. Er war aus der Ewigkeit auf diese Erde gefallen. Dieser Stein – Jesus, Gottes Sohn – hatte viele Menschen bewegt und sie in Bewegung gesetzt. Und ihnen das Leben gerettet, weil er, der Erlöser der Welt, sich für sie hingegeben hatte. Als er nach seiner Hinrichtung im Grab lag, wurde schließlich ein Fels – ebenfalls ohne Zutun eines Menschen – vom Eingang der Grabhöhle weggerollt.

Jener Felsbrocken hatte Gottes Sohn nicht in der Gruft halten können. Jesus war aus dem Totenreich zurückgekommen und auferstanden. Er lebte!

Und ja, er rettete in dieser lebensfeindlichen Welt auch ganz leibhaftig Menschen.

Ich lebe! Gott hat mich gerettet!, durchfuhr es Erna. Sie atmete tief durch. *Aber ist es nicht viel wichtiger, dass Jesus Menschen für das Jenseits, für die Ewigkeit rettet?* „Der Stein, den die Bauleute verworfen haben, ist zum Eckstein geworden", zitierte Erna die Bibel. Sie wusste: Niemand kommt um diesen Jesus herum. Denn er ist der Fürsprecher im Himmel für all jene, die an ihn glauben.

Erna erhob sich auf ihre zitternden Beine. Sie taumelte mehr, als dass sie ging. Aber sie glaubte. Heute noch ein Quäntchen mehr als am Vorabend, als sie gemeinsam mit ihrer Familie Jesu Geburtstag, sein „Hineinrollen" in diese Welt, gefeiert hatten.

Letztlich wusste sie nicht, wie oft sie diesen gefährlichen Aufstieg in die Alpen noch gehen würde, um Frauen und Männer aus Gottes Volk den Weg in die Freiheit zu zeigen. Aber sie war sich sicher, dass sie dieses Ereignis heute niemals vergessen würde – gleichgültig, wie lange sie auf dieser Welt noch leben würde.

Heute war sie gerettet worden. Im Hier und Jetzt. Weil Gott einen Stein ins Rollen gebracht hatte.

II
Heruntergekommen

heruntergekommen
von oben

gekommen
zu uns

in Lumpen gewickelt
in einen Stall
in Einfachheit

für uns
heruntergekommen

hinuntergegangen
nach unten

gegangen
ins Grab

in Todesqualen
in Verdammnis
in Liebe

für uns
hinuntergegangen

hinaufgestiegen
nach oben

aufgefahren
in den Himmel

in Herrlichkeit
in Lebendigkeit
in Gnade

für uns
hinaufgestiegen

12
Das beste Geschenk von allen

Mit Falk stob eine Menge Schnee in den kleinen Eingangsbereich der Berghütte. Verwundert betrachtete er die große
Anzahl Skistiefel und Schuhe, dazu eine von Skihosen und
Jacken förmlich überquellende Garderobe. Der junge Mann
zog sich die Mütze vom Kopf und betrat mit dem Snow-
board unterm Arm den Abstellraum. Säuberlich aufgereiht
standen dort Skier, Stöcke und Boards. Irgendetwas stimmte
hier nicht.

Falk war immer einer der Ersten, der morgens auf die
Piste ging, und einer der Letzten, der abends Schluss machte.
Doch heute hatte er die verschneiten Hänge extra früher ver-
lassen, weil er noch Weihnachtsgeschenke besorgen wollte.
Schließlich war morgen Heiligabend und er mit den Einkäu-
fen spät dran – wie immer.

Falk schälte sich aus seinen Skiklamotten, hängte sie ordentlich auf, so wie Emma, seine ehemalige Lehrerin, das von ihm immer einfordert hatte. Die Schule hatte er bereits seit einigen Jahren hinter sich, aber eine Frau wie Emma wollte er nicht verärgern. Falk grinste. Das war zumindest die offizielle Version. Denn eigentlich machte es sowohl ihm als auch Emma viel zu viel Spaß, sich gegenseitig aufzuziehen. Inzwischen liebte er diese Frau wie eine ältere Schwester. Er hatte viel von ihr gelernt, nicht nur was den Unterrichtsstoff betraf. Und sie hatten immer viel Spaß miteinander. Vor allem, weil er nach wie vor den Klassenclown gab. Falk wusste sehr wohl, dass seine Scherze manchmal grenzwertig waren, doch Emma und seine Freunde kannten ihn gut genug, um so manchen Streich mitzumachen – oder ihn rechtzeitig auszubremsen.

Falk schlüpfte in seine bereitgelegte Jogginghose und die Crocs, ehe er auf die Stubentür der Berghütte zusteuerte. Als er nach der Klinke griff, hörte er durch die geschlossene Tür eine Weihnachtsmelodie. Daniel, Emmas Ehemann, versuchte offenbar, dem verstimmten Klavier einige halbwegs reine Töne zu entlocken. Plötzlich fielen Stimmen mit ein, und Falk runzelte die Stirn. Sie sangen alle zusammen ein Weihnachtslied – Rahel und Duke, Emma und Daniel, Rahels Eltern und Großmutter und Josuas Familie. Dazwischen glaubte Falk das Krähen von Emmas einjährigen Zwillingen zu vernehmen. Probten sie für morgen? Warum waren sie überhaupt schon alle hier? Normalerweise war auch Duke kaum von den Skiern zu bekommen, zumal er sich gelegentlich mit einem Helikopter auf einen Gletscher bringen ließ und so mehrere Stunden unterwegs war.

Falk öffnete die Tür und erstarrte. In der Ecke des mit Holz getäfelten Zimmers stand ein geschmückter Christbaum, dessen elektrische Kerzen hell strahlten. Darunter stapelten sich bunt verpackte Geschenke. Der lange Esstisch war stilvoll gedeckt: Kerzen flackerten inmitten roter Baumkugeln, die als Dekoration zwischen den Tellern lagen. Alle Anwesenden trugen festliche Kleidung, selbst das Zwillingspärchen hatte man in Miniaturanzüge gesteckt, und Josuas Töchter in hübsche Kleidchen.

„Wird aber Zeit, dass du kommst!", rief Duke mit unüberhörbar englischem Akzent.

„Ich finde, du könntest wenigstens an Heiligabend mal auf deine Jogginghose verzichten", meinte Emma vorwurfsvoll und setzte sich einen ihrer Söhne auf den Schoß.

„Heiligabend?" Falk war wie vor den Kopf gestoßen. Heute war doch erst der dreiundzwanzigste – oder etwa nicht?

„Der kommt jedes Jahr so schrecklich überraschend, nicht wahr?", feixte Josua.

Falk schloss die Tür wieder, rannte in den ersten Stock hinauf, duschte eilig und warf sich in Schale. Er war überaus verwirrt. Irgendwie schien ihm ein Tag zu fehlen. Wie konnte er nur dermaßen verpeilt sein? Und jetzt hatte er nicht einmal Geschenke! Er zog sein Smartphone hervor und überprüfte das Datum: Es zeigte tatsächlich den 24. Dezember an.

Zügig polterte er die Holztreppe hinunter und gesellte sich zu seinen Freunden, die weiter Weihnachtslieder sangen.

Schließlich klappte Daniel den Klavierdeckel zu und drehte sich auf dem Hocker um. Die vier Kinder saßen einträchtig nebeneinander vor dem Baum und bewunderten den Lichtschein, wobei einer der Zwillinge nach einem kleinen Geschenk griff. Falk übersah das geflissentlich. Er würde schon dafür sorgen, dass Emmas Söhnen eines Tages gehörig der Schalk im Nacken säße ...

Alle Augen waren auf ihn gerichtet, und Falk wusste nur zu genau, weshalb. Bei jeder gemeinsamen Weihnachtsfeier hatte er sich vorgedrängt, weil er als Erster seine genialwitzigen Überraschungsgeschenke an den Mann bringen wollte. Jetzt saß er mächtig in der Patsche. Aber er wäre nicht Falk, würde ihm nicht schnell etwas einfallen. Also erhob er sich und erklärte: „Ich habe für euch alle ein Geschenk von Jesus." Dann stellte er sich vor Emma, ergriff ihre Hand und sagte: „Für dich habe ich die Zusage: *Ich bin das Licht der Welt. Wer mir nachfolgt, braucht nicht im Dunkeln umherzuirren, denn er wird das Licht haben, das zum Leben führt.*"

Er legte den Zwillingen die Hände auf die weichen Locken und sagte: „*Lasst die Kinder zu mir kommen. Haltet sie nicht zurück! Denn das Himmelreich gehört ihnen.*" Anschließend wandte er sich Duke zu. „Jesus sagt: *Ich bin der gute Hirte, ich kenne meine Schafe und sie kennen mich, so wie mein Vater mich kennt und ich den Vater. Ich gebe mein Leben für die Schafe.*"

Rahel lächelte Falk auf ihre unnachahmlich sanfte Art an, als er als nächstes ihr die Hand reichte und Jesus zitierte: „*Ich bin der Weinstock, ihr seid die Reben. Wer in mir bleibt und ich in*

84

ihm, wird viel Frucht bringen. Denn getrennt von mir könnt ihr nichts tun."

So ging er reihum, bis er allen einen Bibelvers „geschenkt" hatte. Dann ließ er sich auf seinen Stuhl fallen.

Daniel erhob sich und boxte ihm kräftig auf den Oberarm. „Gut gelöst, Kumpel!" Und augenblicklich verließ er mit einem seiner Söhne den Raum, gefolgt von Emma, die das andere Kind trug und Falk im Vorbeigehen durch das wie immer zerzauste Haar wuschelte. Josuas Familie und Rahels Eltern folgten ihnen. Schließlich sprang Duke auf und reichte Rahel beide Hände, um sie hochzuziehen.

„Was ist denn jetzt los?" Falk sah irritiert zu, wie auch Mary, Rahels Großmutter, sich erhob und den Stecker für die Baumkerzen aus der Steckdose zog.

„Was soll denn sein, Falk?", fragte sie.

„Wir feiern doch Heiligabend!"

„Der ist doch erst morgen, Dummchen." Mary beugte sich vor, küsste ihn auf die Wange und ging ebenfalls hinaus.

Als Falk allein war, rutschte er auf dem Stuhl nach vorn und streckte die langen Beine von sich. Lachend schüttelte er den Kopf. Dieses Mal hatten seine Freunde *ihn* reingelegt. Vermutlich wollten sie ihm damit zurückzahlen, was er über das Jahr verteilt so alles an Schabernack mit ihnen getrieben hatte. Und sie waren wirklich gut! Es musste Josua, ein IT-Spezialist, gewesen sein, der heimlich die Datumsanzeige seines Mobiltelefons manipuliert hatte.

Falk verschränkte die Hände im Nacken. Er liebte seine Freunde. Und ja, ein Gutes hatte dieser Abend ja tatsächlich gehabt: Er hatte sich auf das besonnen, was an Weihnachten wirklich zählte: nicht die Geschenke, nicht nur die Begegnung mit lieben Menschen oder ein weihnachtliches Gefühl. Was wirklich zählte, war Jesus, der in die Welt gekommen war, und was dieses Ereignis für die Menschen bedeutete. Das hatte Falk heute seinen Freunden und sich selbst in Erinnerung gerufen.

Die Figuren dieser Kurzgeschichte stammen aus der Romanreihe um Emma, Falk und Rahel:

„Das Mädchen aus Herrnhut" – „Skarabäus und Schmetterling" – „Das Lächeln des Drachen".

13

Stromausfall

Zufrieden lächelnd steckte Sibilla das soeben erstandene Geschenk in ihre prall gefüllte Einkaufstasche und wandte sich von der Kasse ab. Aus dem Lautsprecher erklang eine bekannte Weihnachtsmelodie, und die junge Frau freute sich, dass es keines dieser lauten, modernen Stücke war, sondern ein sanftes, leises Lied, welches von der Ankunft Jesu erzählte. Die künstlichen Kerzen an den riesigen Tannenbäumen in dem großen Einkaufszentrum warfen ihr helles Licht auf die zum Verkauf angebotenen Auslagen, und die roten und goldfarbenen Schleifen und Dekorationsstücke erzeugten tatsächlich eine fröhliche, einladende Stimmung. Gut gelaunt, da sie bereits vor dem zweiten Advent alle Weihnachtsgeschenke für ihre Familie, die Bekannten und Geschäftskollegen beisammen hatte, schlenderte

Sibilla weiter durch die überfüllten Hallen, ließ sich mitrei-ßen von dem berauschenden Gefühl der erwartungsvollen Vorfreude und der begeistert einkaufenden Menschen um sich herum. Sie freute sich über das funkelnde Glitzern in den Augen der Kinder, die lachenden jungen Frauen, die sich an ihr vorbeischoben und einen sehr gelassenen Eindruck machten, und über die Paare, die Hand in Hand von einem Regal zum nächsten schlenderten und unendlich viel Zeit darauf zu verwenden schienen, das passende Geschenk für den geliebten Menschen zu finden.

Sibilla lachte leise vor sich hin, als sich ein ausgespro-chen rundlicher Nikolaus mit wallendem weißem Bart und etwas zerzaust wirkenden weißen, langen Locken vor einige kleinere Buben kniete, um diesen ein paar Nüsse und Man-darinen zu schenken. So liebte sie die vorweihnachtliche Zeit. Irgendwie waren die Menschen glücklich, also spürte auch sie dieses tiefe, ruhige Glück in sich, das eine wohlige Wärme durch sie hindurchströmen ließ.

Sibilla wandte sich um und prallte gegen einen Mann. Der Zusammenstoß war so heftig, dass ihr ihre Tasche aus den Fingern glitt. Mit einem lauten *rumms* landeten die sorgfältig ausgesuchten und bereits mit grünem und rotem Papier verpackten Geschenke auf dem harten, von feuchten Schuhen verschmutzten Steinfußboden. Sie vernahm das Splittern von Glas, sah, ohne eingreifen zu können, wie ein paar derbe Männerstiefel eines der davonkullernden Päck-chen unachtsam unter ein Regal kickte, und beobachtete zeitgleich, wie eines der Geschenkpapiere aufriss und der weiche Mohairstoff des sich darin befindenden Schales sich mit der braunen, matschigen Brühe des hereingetragenen, schmutzigen Schnees vollsog. Entsetzt versuchte sie, ihre Geschenke wieder einzusammeln, und stopfte sie unachtsam zurück in die Tasche. Den Mann, der den Zusammenstoß verschuldet hatte, sah sie nicht mehr. Dafür stolperte eine Frau über sie und beschimpfte sie unfreundlich.

Als Sibilla sich endlich wieder erhob, waren die Knie ihrer Hose feucht und verschmutzt, einige ihrer Geschenke zerstört oder nicht mehr auffindbar, und ihre rechte Schulter schmerzte unangenehm. Hilflos sah sie sich um. Plötzlich war die Musik aus den Lautsprechern viel zu laut, die weihnachtliche Beleuchtung zu grell und bunt und die Menschen um sie her viel zu viele. Sie bemerkte eine genervt aussehende Mutter, die ihre beiden Kinder fest an den Händen gepackt hielt und eilig hinter sich herzog, sodass diese immer wieder gegen die Beine anderer Passanten stießen. Sie hörte, wie ein Mann seiner Frau vorwarf, dass sie für solchen Firlefanz kein Geld übrig hätten, und in einer Ecke stand eine verhärmt wirkende ältere Dame, die lustlos in einem Korb mit Sonderangeboten kramte. Ein kleines Mädchen versteckte sich mit deutlicher Panik im Gesicht hinter den Beinen seiner Mutter, als der zerzauste Nikolaus auf es zusteuerte, und doch schob die Frau das Kind wieder nach vorne auf den bärtigen Unbekannten zu, damit es sein Geschenk überreicht bekam. Zwei junge Männer griffen in ein Regal mit Computerspielen und zurück blieben einige Zellophan-Verpackungen. Die Spiele verschwanden in irgendwelchen

Jacken-Innentaschen und die Männer zwischen sich vorwärtsdrängenden Menschenmassen.

Sibilla schwirrte der Kopf. Jegliches fröhliche Glücksgefühl war verschwunden und einer fast panischen Verzweiflung gewichen. Energisch, beinahe rücksichtslos kämpfte sie sich durch die Menschen auf den Ausgang zu und trat erleichtert auf die Straße, um dort von einem viel zu schnell vorbeifahrenden Auto von oben bis unten mit schmutzigem Schneematsch vollgespritzt zu werden. Mit offenem Mund blickte sie an sich hinab und konnte nur mühsam ihre aufkeimende Wut unterdrücken. Die Reklametafeln blinkten grell mit der weihnachtlichen Straßenbeleuchtung um die Wette. Die kalte Luft roch nach Abgasen und war erfüllt von dem ungeduldigen Hupen und dem lauten Geräusch der dicht hintereinander vorbeifahrenden Fahrzeuge auf der mehrspurigen Fahrbahn.

Enttäuscht und unwillig trat Sibilla den Heimweg an. Nachdem sie mehrere von Menschen überfüllte Straßen überquert hatte, gelangte sie zu dem großen Park. Vor diesem standen, dicht gedrängt um ein Feuer in einer alten Blechtonne, mehrere dunkel gekleidete Personen und wärmten sich ihre Hände. Sie trugen zerschlissene Mäntel und unzureichend wärmende Mützen, Handschuhe und Stiefel. Aus einem Impuls heraus drückte Sibilla einer der frierenden Frauen ihre Einkaufstasche in die Hand und ging dann die wenigen Stufen in den Park hinein. Dort wurde der Verkehrslärm ein wenig leiser, sodass sie sogar den Schnee unter ihren Füßen knirschen hörte. Gegen die Lichter der weit in die Höhe ragenden Hochhäuser konnte sie ihren Atem als kleine weiße Wölkchen in den nachtschwarzen Himmel steigen sehen. Unwillkürlich blieb sie stehen und schob ihre klammen Hände tief in die Tasche ihrer Jacke, froh, die Einkaufstasche nicht mehr tragen zu müssen.

In diesem Augenblick geschah es.

Die Lichter hinter sämtlichen Fenstern verlöschten gleichzeitig. Die beleuchtete Auto- und Zugbrücke über dem Fluss verschwand in der nächtlichen Dunkelheit. Die bis in den Park hinein blinkenden und flimmernden Weihnachtsdekorationen und Reklameschilder verglommen langsam – und dann war es plötzlich vollkommen dunkel. Der Verkehr kam zum Erliegen, da Ampeln ausfielen und Straßenbahnen stehen blieben. Die Motorengeräusche und das stete Hupen verstummten ebenso wie die Musik aus den Einkaufshäusern. Es wurde ruhig.

Staunend drehte die junge Frau sich einmal um sich selbst. Der gefrorene Schnee unter ihren Schuhen knirschte vernehmlich, der eisige Wind brannte auf ihrem Gesicht und brachte die blätterlosen Bäume zum Knacken. Die Büsche raschelten laut, und für einen kurzen Moment war das leise Zwitschern eines Vogels zu hören, als wundere auch er sich über die plötzlich hereingebrochene Stille und Dunkelheit.

Sibilla spürte das Schlagen ihres Herzens. Für einen Moment empfand sie Furcht. Doch dann legte sie den Kopf ein wenig in den Nacken und blickte zum dunklen Himmel hinauf. Millionen von hell glänzenden, blinkenden Sternen lachten ihr freundlich zu und malten Bilder in das unendliche Schwarz des Universums. Fasziniert betrachtete sie die unendliche Weite und eine nie gekannte friedliche, glückliche Ruhe überkam sie. Ein strahlendes Lächeln legte sich auf ihr vor Kälte gerötetes Gesicht. Dies war ein wunderbares, atemberaubendes Weihnachtsgeschenk. Stille in einer lauten, geschäftigen Stadt und ein Blick auf das von Gott wunderbar geschaffene Himmelszelt, frei von störenden, künstlichen Lichtern und fernab der Hektik dieser Zeit.

Minutenlang stand sie einfach nur da, blickte in den Himmel und fragte sich, ob Maria, Josef und die Hirten in der Heiligen Nacht wohl einen ebensolchen wunderbaren Blick gehabt hatten. Ihre Augen wurden groß und rund. In die Stille hinein glaubte sie plötzlich eine leise Melodie zu hören. Es klang wie der Gesang von Engeln, die Gott lobten und ihm dafür dankten, dass er den Retter als kleines Kind auf diese Erde gesandt hatte.

Vielleicht sang da gerade eine Mutter mit ihren Kindern, um diese die Angst vor der plötzlichen Dunkelheit vergessen zu lassen. Aber das war Sibilla gleichgültig. Für sie klang es wie ein Engelschor, und als die Lichter wieder angingen, die Beleuchtungen wieder grell zu blinken begannen und die Autos wieder hupten und lärmten, nahm sie die vorherige Stille, das heimelige Licht und die leise Melodie mit nach Hause. Und mit diesen auch das Gefühl, Jesus ganz nah gewesen zu sein.

14
Das Familiengeschenk
oder: Herzenswünsche

Wie an jedem Morgen nach dem Frühstück hatte Christa die Fotos ihrer Familie vor sich auf den Tisch gelegt und für jeden ihrer Lieben gebetet. Auch für ihre Enkelin Anna-Lou. Christa freute sich darauf, heute mit ihr einen kleinen Einkaufsbummel zu unternehmen. Entsprechend aufgeregt war sie, als sie schließlich dem Mädchen die Tür öffnete. Der Gesichtsausdruck der Achtzehnjährigen ließ erahnen, dass die Enkelin wohl nicht ganz freiwillig hier war. Vermutlich hatte ihre Mutter – Christas Tochter – ihr deutlich gemacht, dass der Führerschein, den Anna-Lou vergangene Woche erhalten hatte, zum Großteil von der Oma bezahlt worden war.

„Hallo, Oma. Ich bin da", erklärte die junge Dame, was Christa ein Schmunzeln entlockte. „Das sehe ich. Guten Morgen, Anna-Lou. Schön, dass du mich heute fährst."

„Bist du fertig?"

„Aber sicher." Christa ergriff etwas mühsam den Mantel; ihre schmerzende Schulter hinderte sie an einer schnellen Armbewegung. Vorsichtig zog sie den Mantel über, schnappte ihre Handtasche und zog dann die Tür ihrer kleinen Erdgeschosswohnung ins Schloss. Anna-Lou war bereits durch den verschneiten Vorgarten zur Straße hinausgegangen und öffnete ihr die Beifahrertür des Familienautos.

Noch ehe Christa einsteigen konnte, sprang der fünfjährige Nachbarjunge herbei und zupfte an ihrem Mantel. „Guten Morgen, Oma Chrissi."

„Guten Morgen, Kimya. Na, bist du auf dem Weg in den Kindergarten?"

Der Sohn aus der kenianischen Familie nickte bedeutungsvoll und seine dunklen Augen funkelten. Auch seine Mutter begrüßte Christa herzlich, hatte es aber eilig. Anna-Lou schien es ebenso eilig zu haben, wie ihr ungeduldiges Fingertrommeln auf dem Autodach zeigte. Dabei musste das Mädchen samstags ja gar nicht zur Schule. Als die beiden endlich im Wagen saßen, fragte Anna-Lou prompt: „Die Nachbarskinder nennen dich Oma Chrissi?"

„Ja. Ist das nicht nett?" Christa hielt inne und spürte ihrer nahezu schmerzlichen Sehnsucht nach ihren Enkelkindern nach.

Anna-Lou und ihre Schwester wohnten etwa zwanzig Kilometer von ihr entfernt. Die beiden Mädchen sah sie zwar nicht regelmäßig, aber doch gelegentlich. Ihre drei anderen Enkel allerdings lebten in Neuseeland. Manchmal dauerte es länger als ein Jahr, bis sie diese mal wieder sehen konnte, vor allem, da sie sich einer so langen Flugreise nicht mehr gewachsen fühlte. Da war diese moderne Technik – Skype und wie diese Dienste alle hießen – doch ein Segen.

Anna-Lou fuhr, wie so viele Fahranfänger, übervorsichtig, und manche Autofahrer zeigten ihr dies durch Hupen und aufheulende Motoren, was das Mädchen nervös machte. Irgendwann legte Christa ihr die Hand aufs Knie. „Lass dich nicht aus der Ruhe bringen. Du machst das richtig so. Ich fühle mich bei dir im Auto gut aufgehoben. Die, die drängeln, waren alle auch mal Anfänger."

Von Anna-Lou kam nur ein angespanntes Murmeln.

„Habe ich dir schon von meiner Freundin Karin erzählt? Wie sie damals mit über vierzig den Führerschein gemacht hat, weil ihr Mann mit einer Jüngeren ..." Christa sah Anna-Lou nicken, nicht genervt, aber doch ein wenig ungeduldig. „Ach, bestimmt habe ich davon erzählt. Ich bin jetzt in einem Alter, in dem ich ständig uralte Geschichten auskrame." Etwas leiser fügte sie hinzu: „Wie es Karin wohl geht?" In den letzten zehn, fünfzehn Jahren hatte sie leider den Kontakt zu ihr verloren. Christa seufzte. Womöglich lebte Karin nicht einmal mehr. Immerhin gingen sie beide auf die achtzig zu ...

Anna-Lou steuerte den Parkplatz eines riesigen Einkaufs-zentrums an. Wie immer in der Adventszeit herrschte dort ein einziges Chaos. Dennoch hielt Christa sich mit Hin-weisen und Ratschlägen zurück. Sie war lange Auto gefah-ren – sicher und unfallfrei –, hatte aber vor zwei Jahren be-schlossen, den Führerschein abzugeben, weil sie sich zu unbeweglich fühlte, um sich noch ausreichend umblicken zu können. Außerdem war ihr Augenlicht nicht mehr das beste.

Anna-Lou würgte zweimal den Motor ab, ehe sie richtig in einer Parklücke stand.

„Mama sagt, also ...", Anna-Lou strich sich verlegen das dunkle, lockige Haar zurück, „du sollst mir sagen, was du dir von uns zu Weihnachten wünschst. Das würde ich dann gleich hier besorgen." Sie schaute Christa nicht an. War es ihr peinlich, dass ihre Familie nicht von allein auf eine Ge-schenkidee kam?

„Das ist gut", sagte Christa. „Besser, als eine Menge Tand zu bekommen, der nur in meiner Wohnung rumsteht, nicht wahr?"

Ihre Enkelin entspannte sich und schenkte ihr dieses hübsche Grübchenlächeln, das sie von ihrem Vater geerbt hatte.

Vorsichtig, um die Tür nicht gegen das nebenan geparkte Fahrzeug zu stoßen, stieg Christa aus. Als sie hinter das Auto trat, wich sie schnell wieder einen Schritt zurück, weil ein Mann um die fünfzig einen älteren Herrn – vermutlich sei-nen Vater – vorbeiführte, der unsicher seinen Rollator durch den Schneematsch schob. Christa sah den beiden lächelnd nach. Es freute sie stets zu sehen, wenn die verschiedenen Generationen einander beistanden. So wie Anna-Lou jetzt ihr.

Tatendurstig hakte sich Christa bei dem Mädchen unter. „Also, dann stürmen wir mal den Laden da."

Anna-Lou blinzelte kurz irritiert, ehe sie auflachte.

Der Vormittag verging wie im Flug. Sie schlenderten durch die vielen Shops, und Christa wartete geduldig, während Anna-Lou eine Menge Schuhe anprobierte. Dabei beobachtete sie eine Mutter mit drei Kindern, die ein wenig genervt wirkte, weil die Verkäuferin ihr immer wieder reinredete, schließlich aber über den Schabernack des jüngsten Kindes lachte. So war es Christa früher mit ihren beiden Töchtern ebenfalls ergangen. Dann sah sie zwei jungen Frauen zu, die offenbar so gut miteinander befreundet waren, dass sie unbedingt dieselben Schuhe kaufen wollten. *Mögen sie immer den Kontakt zueinander halten, selbst dann, wenn die Umstände sie räumlich voneinander trennen*, dachte Christa.

Ob Anna-Lou jetzt die passenden Schuhe gefunden hatte? Christa sah sich um und ihr Blick fiel auf ein älteres Ehepaar, das sich mit unendlicher Geduld und Zuneigung gegenseitig beim Schuhwechsel half. Sie seufzte leise. Ihr Mann war leider schon vor vielen Jahren gestorben. Sie vermisste ihn noch heute schmerzlich.

Später saß sie mit Anna-Lou in einem Schnellrestaurant. Sie aßen gemeinsam eine nicht eben leckere, aber sättigende

Mahlzeit, während aus dem Lautsprecher fortwährend Weihnachtslieder dudelten. Innerhalb der halben Stunde, die sie dort saßen, lief zweimal *Last Christmas*, was Anna-Lou genervt die Augen verdrehen ließ.

Christa kicherte darüber und ihre Enkelin fiel mit ein. Sie wirkte schon seit einer ganzen Weile nicht mehr so missgelaunt wie anfangs. Offenbar hatte sie festgestellt, dass es gar nicht so schrecklich war, mit der alten Oma unterwegs zu sein.

Zuletzt erledigten sie noch den Lebensmitteleinkauf für Christa, und Anna-Lou half ihrer Oma sogar, die beiden vollen Klappkisten in die Küche zu tragen.

„Das hat Spaß gemacht. Und vielen Dank für den wunderschönen Schal." Anna-Lou zupfte an dem blauen Strickschal herum, der so lang und breit war, dass sie sich vermutlich völlig in diesen einwickeln könnte.

Christa schmunzelte und unterdrückte, wie so oft an diesem Tag, den Wunsch, eine Episode aus ihrem Leben zu erzählen. „Ja, mir hat es auch Spaß gemacht. Und noch einmal vielen Dank, dass ich dich begleiten durfte."

„Eigentlich habe ich *dich* begleitet", warf Anna-Lou ein, die bereits auf dem Weg zur Wohnungstür war.

„Wir waren gemeinsam unterwegs. Und das fand ich sehr schön."

„Hm, ja. Ich auch. Also, tschüss Oma!" So schnell, wie nur die Jugend das konnte, war Anna-Lou auf und davon. Zurück blieb Christa, die sich an die Türzarge lehnte und nicht einmal versuchte, diesen Anflug von Traurigkeit und

Einsamkeit von sich zu schieben. Als ihr jedoch einfiel, dass Anna-Lou völlig vergessen hatte, ein Weihnachtsgeschenk für sie zu besorgen, konnte Christa ein Grinsen nicht unterdrücken.

Es entsprach nicht ihrer Art, lange im Negativen zu verharren und immer nur auf das zu sehen, was misslang oder sich unschön anfühlte. Sie wollte dankbar sein für all das Gute, das Gott ihr schenkte, selbst für noch so unwichtige Kleinigkeiten. Und heute lag auf der Geschenke-Waagschale keine Kleinigkeit, sondern etwas Großartiges: sechs volle Stunden mit Anna-Lou. Gemeinsam bummeln, gemeinsam kichern, gemeinsam essen und gemeinsam *Last Christmas* hören. Wenn das nicht etwas Besonderes war!

* * *

Den Heiligabend hatte Christa allein verbracht. Jetzt, am ersten Weihnachtsfeiertag, erwartete sie zum Mittagessen die Familie ihrer Tochter. Noch einmal überprüfte sie den festlich gedeckten Tisch, dazu ihre Frisur, und warf einen vorfreudigen Blick auf die Uhr.

Es klingelte. Christa lachte glücklich und eilte in den Flur. Dabei fragte sie sich schmunzelnd, welches Geschenk Anna-Lou und ihre Familie wohl für sie mitbringen würden, da sie ja bei ihrem Bummel keines gekauft hatten.

Sie öffnete die Tür und stand Anna-Lou gegenüber, die lauthals den Refrain von *Last Christmas* sang, dann jedoch lachen musste. Christa fiel mit ein.

Heute umarmte ihre Enkelin sie sogar, wenngleich etwas ungelenk, da sie eine riesige Schüssel mit Kartoffelsalat im Arm hielt. Christa bemerkte es verwundert. Für fünf Personen war das eine gewaltige Portion.

Nacheinander begrüßte sie ihre Tochter, den Schwiegersohn und Anna-Lous jüngere Schwester, die alle mit Lebensmittelmengen eintraten, mit der man eine ganze Kompanie verköstigen könnte.

Ein zweites Auto hielt vor ihrem Haus. Christa riss die Augen auf, als sie ihre jüngere Tochter aussteigen sah. Sie war aus Neuseeland angereist? Davon hatte Christa nichts gewusst! Und dann kletterten auch noch ihre drei Enkel von der Rückbank, vorn stieg ihr Schwiegersohn aus. Wie war das möglich?

Zwei dünne Arme schlangen sich von hinten um Christas mollige Hüfte. „Frohe Weihnachten, Oma *Chrissi*", flüsterte Anna-Lou.

„Du ...?"

„Ich hab dich beobachtet, weil ich doch herausfinden sollte, was du dir zu Weihnachten wünschst. Es war nicht schwer, das zu erkennen."

Christa kam nicht dazu, etwas zu erwidern, da die Familie aus Neuseeland sie lautstark und mit einer Unmenge Umarmungen und Küsschen in Beschlag nahm.

Endlich waren alle in ihrem kleinen Wohnzimmer. Es ging laut, turbulent und fröhlich zu und es war sehr voll. Drei Erwachsene mussten sogar auf der Couch sitzen und ihre Teller auf dem Schoß balancieren. Aber es war wunderschön. Das perfekte Geschenk!

Christa lächelte glücklich. Gott hörte ihre Gebete. Ihr war es ein großes Anliegen, dass ihre Enkelkinder anderen mit einem offenen Herzen begegneten – einem, das über Oberflächlichkeiten hinwegsah und tiefer blicken konnte. Anna-Lou hatte unübersehbar ein solches Herz geschenkt bekommen …

Ja, Gott vernimmt sogar die Gebete, die sie nicht bewusst ausspricht … Inmitten des ganzen Trubels musste Christa die Hausglocke überhört haben. Jedenfalls führte Anna-Lous Mutter plötzlich eine ältere Dame herein. Christa brauchte einen Moment, bis sie ihre Freundin von früher erkannte. Dann sprang sie auf, als sei sie nicht beinahe achtzig, sondern gerade mal achtzehn – und fiel Karin weinend um den Hals.

15
Ein Mann zu Weihnachten

Britta hatte gerade ihr Wohnheimzimmer betreten, als das Telefon läutete. Sie ließ den Rucksack von der Schulter rutschen und kramte das Smartphone aus dem Seitenfach des Gepäckstücks.

„Da verbringst du das Wochenende bei uns und sagst uns nicht, dass du einen Freund hast?" Die Stimme ihres Vaters klang halb belustigt, halb vorwurfsvoll. Und erschreckend erfreut.

Irritiert runzelte Britta die Stirn. Sie hatte einen Freund? Davon wüsste sie aber. Zumindest nahm sie das an.

„Wie kommst du denn darauf?", fragte sie überrascht. Hoffentlich war das nicht schon wieder eine der leicht irren Verkupplungsversuche, die ihre vier Schwestern fortlaufend starteten. Weil alle vier inzwischen glücklich verheiratet waren und es gern gesehen hätten, wenn das Nesthäkchen, obwohl erst dreiundzwanzig, auch endlich einen jungen Mann an ihrer Seite hätte. Grundsätzlich gut gemeint – meistens furchtbar schlecht gemacht. Und für Britta superpeinlich.

Die weitaus schrägste Aktion war die gewesen, einen Unfall in ihrer sehr ruhigen Seitenstraße zu inszenieren, damit sie das auf der Straße liegende, männliche Opfer notfalltechnisch versorgte. Diesen Kerl – ihr potenzieller zukünftiger Partner und Ehemann – hatten ihre Schwäger „besorgt". Allerdings war auch dem armen Kerl verschwiegen worden, dass das Ganze auf eine Dating-Aktion hinauslief. Vielmehr hatten sie ihm vorgemacht, er könne bei der Ausbildung frischer DLRG-Leute helfen, indem er während des Rettungskurses – bei einem inszenierten Unfall – ein Opfer spielte ...

„Was ist nun mit diesem jungen Mann?", hakte ihr Vater nach.

„Nichts", brummte Britta, bei der alle Alarmglocken läuteten.

„Aber auf unserem Festnetztelefon ist diese Textnachricht. Von einem Michael. Und da du die Einzige unserer wunderbaren Mädchen bist, die häufig hier ist – außerdem ungebunden –, wird sie wohl für dich sein."

Britta verdrehte die Augen. Nur weil jemand eine Nachricht für sie hinterließ, musste die Familie ihr doch nicht gleich eine Beziehung andichten! Oder sofort die Kirche buchen. Und ja, sie kannte einen Michael. Er war einer der wenigen männlichen Pfleger in der Kardiologie des Krankenhauses, in dem sie ihre Ausbildung zur Gesundheits- und Krankenpflegerin absolvierte. Womöglich ging es um eine Änderung im Dienstplan.

„Was schreibt er denn?"

„Moment, ich habe es mir notiert."

Britta sah vor sich, wie ihr Vater nach der Brille in seinem Haar tastete und diese auf die Nase schob.

„Ich vermisse dich. Melde dich mal."

Nun gut, eine Frage zum Dienstplan sah vermutlich ein wenig … anders aus.

„Na …?" Ihr Vater klang lauernd.

„Fehlalarm", konterte sie.

„Ich gebe dir die Telefonnummer."

Noch ehe sie etwas einwenden konnte, ratterte er die Zahlen herunter. Weshalb sie dennoch zum Bleistift griff und mitschrieb, würde ihr wohl auf ewig ein Rätsel bleiben.

Jedenfalls saß sie einige Minuten später in ihrem Lesesessel und starrte die kleine Zahlenkolonne an. Diese – das war einfach zu überprüfen gewesen – hatte definitiv nichts mit dem Michael aus der Kardiologie zu tun.

Kurzentschlossen tippte sie die Nummer in ihr Handy und wartete.

„Michael Schwabe, einen kleinen Moment bitte."

Britta schmolz dahin. Die Stimme dieses Mannes war warm und unglaublich tief. Sie vibrierte in ihrem Inneren, als schlage dort jemand Basssaiten an. Er klang selbstsicher, ja beherzt und dennoch locker und freundlich. Absolut faszinierend. Konnte man sich in eine Stimme verlieben? Gab es die Liebe auf den ersten ... Ton?

Britta wartete gern geduldig und zugleich verwirrend ungeduldig. Irgendetwas in ihr war aus dem Takt geraten.

„So, jetzt habe ich Zeit für Sie. Entschuldigen Sie bitte die Verzögerung."

Britta rief sich selbst zur Räson, indem sie sich die Frage stellte, wie dieser Mann dazu kam, eine solche Nachricht auf dem Telefon ihrer Eltern zu hinterlassen. Da er sich sehr geschäftsmäßig anhörte, fragte sie: „Entschuldigen Sie bitte, aber wo bin ich denn jetzt gelandet?"

„Geowissenschaft und Umweltingenieur Huber und Partner. Mein Name ist Michael Schwabe." Er klang gelassen und fügte noch hinzu: „Ich bin einer der angestellten Umweltingenieure."

Britta blähte die Wangen auf, ließ die Luft aber lautlos entweichen, weil sich das am anderen Ende der Leitung sicher reichlich blöde angehört hätte. Wie der Sturm, der in ihr tobte.

„Einer Ihrer Kollegen ist Bastian Roth, nicht wahr?"

„Soll ich Sie mit ihm verbinden?"

„Nein, sie können aber gern etwas nach ihm werfen. Bevorzugt etwas sehr Hartes."

Sein Lachen war noch viel betörender als jedes der Worte, die er bisher mit dieser hinreißenden Bassstimme gesagt hatte.

„Was hat er angestellt?", wollte Michael wissen. Britta stellte sich vor, wie er sich in seinem Stuhl zurücklehnte und durch die Glastrennscheiben des Büros ihrem Schwager einen neugierigen Blick zuwarf.

„Auf dem Telefon meiner Eltern ist eine Nachricht von Ihrem Apparat. Sie gehen davon aus, dass diese für mich gedacht ist."

„Will ich den Wortlaut wissen?"

„Ich vermisse dich. Melde dich mal."

Ein tiefes Seufzen war für geraume Zeit das Einzige, was Britta aus ihrem Telefon hörte. Sie hoffte sehr, dass Michael gerade gewissenhaft nach einem entsprechenden Wurfgeschoss suchte. Schließlich fragte er: „Haben Sie Lust, mich am Wochenende auf dem Weihnachtsmarkt zu treffen? Samstag?"

Das Geschoss raste auf ihr Herz zu. Doch dann prallte der Treffer an ihrer Vernunft ab, die sich todesmutig dazwischenwarf. „Wie bitte?"

„Mein Kollege – ihr Schwager – hat sich auf meine und vor allem auf Ihre Kosten einen Scherz erlaubt – was ich vermutlich verdient habe, Sie aber nicht. Ich möchte mich dafür entschuldigen, indem ich Ihnen ein Essen spendiere. Wahlweise können wir auch ins Kino gehen. Oder nur über den Weihnachtsmarkt bummeln und uns eine Rachaktion überlegen."

„Letzteres klingt perfekt", hörte sie sich selbst sagen. Ob das wirklich eine gute Idee war? Aber zumindest hatte sie einem Essen und einem gemeinsamen Kinobesuch widerstanden.

In den folgenden fünf Tagen – sofern sie nicht Unterricht hatte oder auf Station war – schrieb sie Michael WhatsApp-Nachrichten, und er schickte ihr Sprachnachrichten, die sie himmlisch fand. Immerhin konnte sie so seiner Stimme lauschen.

Am Samstag war sie sich sicher, süchtig zu sein. Und das, obwohl sie jeden Tag um Vernunft gebetet hatte. Dafür, nur ja keinen Fehler zu begehen, in dem sie sich leichtsinnig und leichtfertig verhielt ...

Während Britta sich für das geplante Treffen zurechtmachte – überaus dezent –, flehte sie den Himmel an, ihr doch sofort ein Zeichen zu geben, wenn sie die Sache abblasen sollte. Dabei fragte sie sich, was ihre Oma Renate wohl dazu sagen würde. Sie war die Einzige in ihrer ausufernd großen Kupplerfamilie, die sich immer auf ihre Seite schlug. Wie oft hatte Oma Renate schon zu Britta gesagt, dass sie ihre Eltern, die Geschwister und sämtlichen Anhang einfach ignorieren solle. Schließlich habe Gott seinen eigenen Zeitplan. Und er habe etwas mit ihr vor. Ob dazu ein Ehemann gehöre, wisse man noch nicht. Aber Gott halte ihr Leben fest in seiner Hand. Er sei treu ...

Wie verabredet traf Britta Michael hinter den Buden, auf den Stufen zum Rathaus. Da er ihr inzwischen ein Foto von sich geschickt hatte, erkannte sie den strohblonden Mann sofort, obwohl er – anders als auf dem Bild – keinen Dreitagebart trug. Ob er sich eigens für dieses Treffen rasiert hatte? Britta lächelte ihn an und reichte ihm förmlich die Hand, die er schmunzelnd drückte.

„Dann lass uns mal bummeln gehen. Und dabei überlegen, wie wir Torsten diese Aktion heimzahlen können", schlug er vor.

„Du hast nichts gesagt?"

„Ich werde mich hüten." Er ging vor ihr her, zwischen zwei adventlich geschmückten Holzbuden hindurch. Obwohl es noch nicht ganz dunkel war und eindeutig der Schnee fehlte, gefielen Britta das Ambiente und das weihnachtliche Flair: Sie genoss den Klangteppich aus sich oftmals überlagernden Weihnachtsliedern, das Duftgemisch von Bratwurst, Waffeln, gebrannten Mandeln, Schupfnudeln und Glühwein sowie die kunterbunten Auslagen in den Buden. Allerdings hätte sie sich gewünscht, dass Michael sie zu einer der Köstlichkeiten einlud, was er jedoch nicht tat. Die meiste Zeit gingen sie schweigend nebeneinanderher.

Je länger sie unterwegs waren, umso unbehaglicher fühlte sich Britta. War das Treffen also doch verkehrt? Was wusste sie schon über diesen Mann? Gut – eigentlich eine Menge, denn in ihren Nachrichten hatten sie sich, im wahrsten Sinne des Wortes, über Gott und die Welt unterhalten.

Michael engagierte sich aktiv in einer Kirchengemeinde im Nachbarort. Er war beruflich viel in Deutschland und im europäischen Ausland unterwegs, freute sich jedoch stets auf Zuhause. Vor allem, weil er seine jüngere Schwester und die beiden Neffen liebte.

Dennoch: Sie hatte keine Ahnung, wie er mit anderen Menschen umging. Wie groß oder klein seine Geduld war, wie er auf unerfreuliche Begebenheiten reagierte... Außerdem hatten sie nicht darüber gesprochen, ob dieses Treffen nun einem ersten Kennenlernen diente oder wirklich nur dem Zweck, Torstens frecher Aktion etwas Positives abzugewinnen.

Als sie sich schließlich knapp drei Stunden später verabschiedeten, gewann Britta den Eindruck, dass Michael ebenso erleichtert war wie sie, dass sie den Abend endlich hinter sich hatten.

Sie hielt ihn für uncharmant und ein wenig ... stoffelig. Nein, danke! Sie war sich sicher: Torsten lag völlig falsch, als er auf den Gedanken verfallen war, sie beide könnten zusammenpassen. Und damit reihte sich diese Aktion in all jene skurrilen Ideen ein, die ihre Familie bereits für sie auf die Beine gestellt hatte. Diese waren ohnehin allesamt unsinnig. Immerhin war sie noch jung. Außerdem liebte sie ihren Beruf. Wer konnte schon sagen, dass sie überhaupt je heiraten würde – oder wollte! Oma Renate hatte völlig recht!

Drei Tage herrschte Funkstille, was das Thema Michael betraf. An der Familienfront sah das anders aus. Ihre Eltern bestanden darauf, dass sie ihren Freund zu Weihnachten vorstellte, die Schwestern und ihre Männer bliesen in dasselbe Horn. Nur der Übeltäter schwankte offensichtlich zwischen heimlicher Belustigung und einem schlechten Gewissen.

Britta vermutete, dass Michael weder etwas nach ihm geworfen noch etwas über ihr Treffen auf dem Weihnachtsmarkt erzählt hatte. Allen Beteuerungen zum Trotz, dass sie keinen Freund habe, plante ihre Mutter das Essen am ersten Weihnachtsfeiertag mit einem zusätzlichen Gast.

Es war Mittwoch, als ihr Telefon läutete. Britta, die ihren freien Abend genoss, legte den Roman zur Seite, streckte sich nach dem Smartphone und nahm das Gespräch an.

„Guten Abend, Britta", vernahm sie diese betörend tiefe Stimme am Telefon. „Ich hoffe, ich störe nicht."

„Nein, gar nicht."

„Ich möchte dir etwas erklären: Ich habe mich letzten Samstag unwohl gefühlt und vermute, dass du das bemerkt hast. Jetzt dachte ich mir, ich sollte dir dringend sagen, dass das nicht an dir lag. Ich war abgelenkt und unaufmerksam. Eine Stunde, bevor wir uns getroffen haben, kam ein Anruf. Mein Opa war ins Krankenhaus eingeliefert worden. Sein Herz..."

„Das tut mir sehr leid." Britta schob die Überlegung beiseite, ob sie Michaels Großvater womöglich aus der Klinik kannte.

„Inzwischen ist er wieder zuhause. Alles halb so schlimm. Aber es wäre wohl besser gewesen, ich hätte unsere Verabredung an diesem Tag abgesagt. Dafür, dass ich es nicht getan habe, möchte ich mich entschuldigen."

„Das... danke."

„Ich hatte es mir sogar überlegt, aber ich wollte dich unbedingt treffen. Ich fand unsere WhatsApp-Nachrichten sehr unterhaltsam, lustig und interessant. Du bist... interessant."

Britta schnappte regelrecht nach Luft. Damit hatte sie nicht gerechnet.

„Was hältst du von einem zweiten Versuch? Diesmal führe ich dich zum Essen aus. Es gibt da ein kleines, sehr versteckt gelegenes argentinisches Restaurant mit –"

„Meinst du das árbol en flor?"

„Du kennst es?"

„Ich liebe es!" Offenbar hatten sie gerade eine Gemeinsamkeit gefunden.

„Gut, soll ich dich abholen oder treffen wir uns irgendwo?"

„Wir treffen uns direkt dort. Ich habe es nicht weit."

„Dann mache ich mich auf den Weg. Und, Britta: Ich freue mich darauf, dich wiederzusehen."

Aus diesem Wiedersehen wurden zwei, dann drei ... Sie trafen sich jeden Tag. Manchmal nur für eine Stunde, häufiger aber weit länger. Und so kam es, dass sie einen männlichen Gast zum gemeinsamen Weihnachtsessen mit ihrer Familie ankündigte.

Torsten fiel – sobald er einen ersten Blick auf Michael erhaschte, regelrecht die Kinnlade nach unten. Ihn so zu sehen, war weit besser, als etwas nach ihm zu werfen. Allerdings fing er sich schnell und behauptete fortan, er hätte Britta zu Weihnachten einen Mann geschenkt.

Am meisten überraschte jedoch ihr Vater. Als Britta erläuterte, dass sie und Michael seit dem Vortag fest zusammen seien, sagte er – und er meinte das völlig ernst, als hätte es Brittas Einwände nie gegeben: „Aber das wussten wir doch schon lange!"

Später beugte sich Britta zu Oma Renate und flüsterte ihr zu: „Übrigens: Gott hat offenbar auch eine Menge Humor!"

16
Emmas Weg aus der Einsamkeit

Der Gottesdienst war zu Ende, die letzten Lieder waren verklungen und unter der Kirchenpforte drückte der Pfarrer kurz Emmas Hand.

Die alte, in einen Mantel gehüllte Frau trat in den knirschenden Schnee und blinzelte, geblendet von der tief stehenden Wintersonne, die ihre Strahlen über die Dächer der Stadt schickte. Einige andere Gottesdienstbesucher verabschiedeten sich von ihr, und Emma sah zu, wie die aufgeregten Kinder in die Autos kletterten, während die Eltern noch mit befreundeten Ehepaaren einige Worte wechselten, ehe auch sie einstiegen. Wie gern hätte auch sie einige Worte mit wenigstens einem der Besucher gewechselt.

Ungewöhnlich schnell leerte sich der Parkplatz. Alle freuten sich auf ein leckeres Essen, einen feierlichen Abend im Kerzenschein und auf die strahlenden Gesichter derer, die sie beschenken würden.

Ein schmerzliches Gefühl ergriff von Emmas Herz Besitz und ließ sie erschauern. Seit ihr einziger Sohn nach Spanien gezogen war, schaute er nur noch gelegentlich bei ihr vorbei. Und nachdem sie vor drei Jahren ihren Mann verloren hatte, nahm der Schmerz in ihr immer mehr überhand. An besonderen Tagen, wie an Geburtstagen oder zu Weihnachten, wurde es so schlimm, dass sie fürchtete, daran zu ersticken. Dieses Gefühl hatte einen – für die Heftigkeit, mit der es sie überfallen konnte – erstaunlich nüchternen Namen: Einsamkeit.

Emma sah sich um. Die Kirchentür war geschlossen, der von Reifenspuren und Fußabdrücken übersäte Platz menschenleer. Nur der große, von elektrischen Lichtern beleuchtete Christbaum erhob sich in die Abenddämmerung. Sie war allein. Allein mit einem Baum. Ob er sich auch einsam fühlte wie sie?

Emma wischte den Gedanken mit einer Handbewegung beiseite. Sie sollte sich nicht solchen unnötigen Überlegungen hingeben!

Kurzerhand drehte sie sich um und ging vom Kirchplatz in die angrenzende Straße. Dabei stützte sie sich schwer auf den Gehstock, den sie seit einer Hüftoperation brauchte.

Hell erleuchtete Fenster, das bunte Licht moderner Weihnachtsdekoration, laute Musik und fröhliches Gelächter begleiteten sie auf ihrem Weg. Bei jedem Schritt, jedem neuen

Lichtstreifen, der auf den Gehweg fiel, und jedem Lachen, das sie hörte, wurde es ein bisschen dunkler in ihrem Innern. Ihr Herz klopfte heftig, weil sie viel zu schnell lief, so, als müsse sie vor dem Glück der anderen und ihren eigenen Erinnerungen an bessere Tage fliehen.

Außer Atem erreichte Emma die schmale Gasse, in der ihr Haus stand. Das Haus, in dem sie fast fünfzig Jahre mit ihrem Ehemann gelebt und in dem sie drei Kinder geboren hatte, von denen jedoch zwei bereits im Säuglingsalter verstorben waren. Hier hatte sie Norbert großgezogen, mit ihm gelacht und geweint.

Sie tastete nach dem Schlüsselbund in ihrer rechten Manteltasche, holte ihn jedoch nicht heraus. Ihre Schritte verlangsamten sich nur kurz, als sie die Haustür passierte, dann fiel sie in die gehetzte Gangart zurück.

Emma eilte weiter die Gasse entlang und bog in die nächste Straße ein. Graue Hauswände ragten links und rechts in die Höhe, ein frostiger Wind pfiff durch die wenigen Lücken, die die aneinandergereihten Gebäude freigaben.

Inzwischen waren ihre Schuhe durchnässt, doch Emma ignorierte das zunehmende Gefühl der Kälte. Nichts zog sie nach Hause. Es gab keinen Grund, in ihre ungewollte Einsamkeit zurückzukehren. Ihr war gleichgültig, ob sie sich jetzt einen Herzinfarkt zuzog oder irgendwo ermattet stürzte und dort erfror... Alles war besser, als dieses nutzlose Leben weiterzuführen. Starb sie in dieser Nacht, könnte sie endlich wieder mit ihrem Mann vereint sein. Sie würde nach langem Warten den Himmel sehen, den Ort, wohin ihr Ehemann ihr vorausgegangen war.

Emmas Fuß stieß kräftig gegen eines dieser Verkehrshindernisse aus Stein; sie standen in den schmalen Gassen, um die Autofahrer zu einer geringeren Geschwindigkeit zu zwingen. Die alte Frau taumelte und stützte sich Halt suchend auf ihren Stock. Der rutschte jedoch auf einer Eisfläche weg und Emma stürzte zu Boden. Keuchend blieb sie liegen, umfangen von Schmerz, Kälte und ihrer eigenen Hoffnungslosigkeit.

„Wo bist du, Gott?", murmelte sie anklagend. Sie vernahm keine Antwort. Ergeben schloss sie die Augen und wartete, ob ihr jemand zu Hilfe kommen würde. Aber es kam niemand.

Die Melodie von *Stille Nacht, Heilige Nacht* schien wie dichter Nebel durch die Gasse zu wabern. Manchmal konnte Emma ganze Textpassagen verstehen, dann wiederum die Melodie nur erahnen. Eines jedenfalls entging ihrem geschulten, musikalischen Gehör nicht: Die Stimmen klangen rau, ungeübt und oft genug trafen sie den Ton nicht. Ebenso wie der Pianist, der das Stück mehr schlecht als recht begleitete.

„Im Himmel würde sich das besser anhören!", flüsterte Emma mit einem Anflug ihres früheren Humors und setzte sich mühevoll auf.

Wieder vernahm sie die schrägen Töne und meinte, zwischen den kratzigen Männerstimmen auch die einiger Frauen herauszuhören.

Emma zögerte nicht länger. Keuchend schob sie sich auf die Knie, griff nach dem Stock und stemmte sich mit dessen Hilfe auf die Füße. Ohne den Schnee von ihrem Mantel zu klopfen oder aus ihrem weißen Haar zu schütteln, tastete sie sich voran und achtete nun sorgfältig auf etwaige Hindernisse auf dem Boden. Der Schmerz in ihrem rechten Bein war mittlerweile etwas abgeklungen, aber ließ sie leicht hinken.

Bald erreichte Emma eine unscheinbare Holztür. Durch die darin eingelassenen, milchigen Scheiben drangen sanfter Lichtschein und der erbärmliche Gesang, der nun ganz deutlich zu hören war. Dem Klavier wurden ein paar grauenhafte Akkorde abgerungen, was Emma dazu brachte, entschlossen die Türklinke nach unten zu drücken.

Stickige, abgestandene Luft schlug ihr entgegen, als sie eintrat, und sie rang erst einmal nach Atem. Rechts von ihr führte eine offen stehende Tür in einen lang gezogenen Raum. Zwölf Metallstockbetten reihten sich an den Wänden aneinander. Auf ihnen lagen Rucksäcke, Kleidungsstücke und andere Habseligkeiten von Menschen, die zum Sterben zu viel und zum Leben zu wenig hatten. Emma erinnerte sich daran, von einer Obdachlosenunterkunft in der Nähe ihres Zuhauses gehört zu haben.

Das Lied endete, und als der Pianist versuchte, *Vom Himmel hoch* anzustimmen, schloss Emma die Eingangstür, pellte sich aus ihrem Mantel und betrat den vor ihr liegenden Speise- und Aufenthaltsraum. Abschätzend sah sie sich um. An einem künstlichen Baum flackerten elektrische

Lichter, von der Decke hingen dürre Strohsterne, die schon bessere Tage gesehen hatten. Entlang der Tische, auf denen Weihnachtsgebäck und Gläser mit dampfendem Tee standen, saßen rund zwanzig Männer und Frauen jeglichen Alters. Viele von ihnen wirkten verhärmt. Das harte Leben auf der Straße hatte ihre Gesichter gezeichnet. An einem verschrammten Klavier entdeckte sie einen jungen Mann, der so dünn war, dass Emma fürchtete, er würde demnächst vom Hocker fallen. Ein älterer, bärtiger Mann wurde auf sie aufmerksam und stieß mit dem Ellenbogen den neben ihm an, der als Einziger im Raum gut gekleidet war. Der erhob sich auf der Stelle und schob sich zwischen den Stuhlreihen hindurch auf sie zu.

„Frohe Weihnachten!", begrüßte er sie.

„Frohe Weihnachten!", antwortete Emma automatisch, obwohl ihr kein bisschen froh zumute war.

„Ich bin Andreas Höfing. Was führt Sie hierher?"

„Dieser grauenhafte Pianist?" Emmas Antwort war mehr eine Frage, da sie selbst nicht recht wusste, weshalb sie eigentlich das Haus betreten hatte.

Der Mann musterte sie und ein wissendes Lächeln schlich sich auf sein noch sehr junges Gesicht. „Sie dürfen den armen Peter gern ablösen."

Emma stutze irritiert. War es das, was sie hier wollte? Endlich einmal wieder vor Zuhörern Klavier spielen, wie sie es früher in kleineren und größeren Konzertsälen getan hatte? In den vergangenen Minuten war ihr ihr eigenes Leben seltsam fremdgesteuert vorgekommen.

„Kommen Sie, bitte!" Andreas nahm ihr den Mantel ab und führte sie zum Klavier, wo dieser Peter sofort aufsprang und ihr – wie es ihr schien – dankbar Platz machte.

Das Singen verstummte, neugierige Blicke trafen Emma, und sie hörte das Murmeln derer, die sich bei den anderen erkundigten, wer die alte Dame wohl sei.

Schnell setzte sie sich, zog ihre Handschuhe aus und rieb sich die klammen Finger. Was tat sie hier nur? Wie war sie hierhergekommen? Prüfend ließ sie ihre Finger über die Tasten wandern. Ein, zwei Töne klangen nicht ganz rein, doch das würde außer ihr bestimmt niemanden stören. Für einen Augenblick betrachtete sie ihre schlanken, von Sonnenflecken übersäten Hände, ehe sie mit geschlossenen Augen das zuvor unterbrochene Lied intonierte. Nach einem virtuosen Vorspiel begann sie mit ihrer vom Alter zitternden, dünnen Stimme zu singen, und bald schon stimmten die Anwesenden mit ein.

Emma spielte und spielte. Wollte sie eine Pause einlegen, wurde Protest laut. Der Zeiger der großen Wanduhr rückte unaufhörlich weiter, und es war bereits nach 23 Uhr, als der Leiter der Einrichtung das Zusammensein beendete.

Emma drehte sich auf dem Hocker um und sah in dankbare, glückliche Gesichter. Ein zahnloser Greis lächelte ihr zu, eine junge Frau drückte ihr im Vorbeigehen die Hand, ein Mann mittleren Alters, dem ein Bein fehlte, wollte ihr gar einen Kuss auf die Wange drücken, was Andreas jedoch zu verhindern wusste.

Der Raum leerte sich, was Emma veranlasste, sich genauer umzusehen. Alles wirkte sauber, aber ärmlich. Ein frischer Adventsschmuck war ebenso nötig wie einige neue Tischdecken, und die größtenteils gesprungenen und abgeschlagenen Tassen gehörten auch ersetzt. Eine Frau in schrecklich heruntergekommener Kleidung saß noch immer wie erstarrt auf ihrem Stuhl. Tränen liefen ihr übers Gesicht.

„Es gibt hier so viel zu tun", flüsterte Andreas Emma zu, ehe er sich an Peter und einen zweiten jungen Mann wandte. „Begleitet ihr bitte unsere wunderbare Pianistin nach Hause?"

Schwerfällig erhob sich Emma und ließ sich von Peter in ihren Mantel helfen. Von Andreas konnte sie sich nicht verabschieden, da er sich um die weinende Frau kümmerte. Vielleicht ahnte er, dass sie jetzt häufiger vorbeikommen würde? Hier war ihre Einsamkeit gebannt. Hier wurde ihre Mithilfe gebraucht: ihre Zeit, ihre finanziellen Möglichkeiten und ihre Liebe.

Flankiert von zwei Männern, denen sie noch am Vortag geflissentlich aus dem Weg gegangen wäre, hinkte sie wenig später durch die Nacht. Die Heilige Nacht.

Gott hatte Emma in ihrer dunkelsten Stunde ein Licht der Hoffnung geschenkt. So, wie er es damals, vor mehr als zweitausend Jahren, der ganzen Welt angeboten hatte. Und er hatte sie auf ihre alten Tage dazu ausersehen, dieses Licht weiterzugeben.

17
Das Rolltor –
oder:
Ein Tag im Dezember 2012

„Ich bringe euch hier raus", versprach Kenny im Brustton der Überzeugung und mit jenem Superhelden-Lächeln, das vielen jungen Frauen den Kopf verdrehte.

Sara sah sich zweifelnd um. Dunkle Holzwände umgaben sie. Die einzige Lichtquelle an der niedrigen Decke bestand aus einer nackten Glühbirne. Es gab eine Menge Möbel; die meisten von ihnen wirkten billig und waren in einem heruntergekommenen Zustand. Die Tür war fest verschlossen, Fenster gab es keine. Zumindest war das Zimmer angenehm geheizt, immerhin herrschten draußen Minusgrade. Die Luft war staubig und roch nach etwas, das Sara nur schwer einordnen konnte: nach neuen elektronischen Geräten und ... Farbe?

„Gebt mir ein paar Minuten ..." Kenny drehte sich einmal um die eigene Achse und öffnete dann eine Schublade, die erstaunlich leicht aufging.

„Dieser Angeber", flüsterte Paul Sara zu und verdrehte die Augen.

Sie zuckte nur mit den Schultern. Es war keine gute Idee gewesen, sich blindlings auf einen Überraschungstag zu ihrem Geburtstag einzulassen. Denn jetzt steckte sie in Schwierigkeiten. Und diese bestanden aus einem kaum zehn Quadratmeter großen, düsteren, vollgestellten Raum – und ihrer Klaustrophobie.

„Vielleicht sollten wir ihm helfen. Siehst du dich dort drüben um? Ich nehme die Seite hier." Paul deutete auf eine der vier Wände, die bedrohlich näher rückten. Zumindest war das Saras Eindruck. Obwohl sie wusste, dass dies zum einen ihrer überbordenden Fantasie entstammte, zum anderen auf ihre Platzangst zurückzuführen war, half es nicht, sich das zu vergegenwärtigen. Ebenso wenig half es, tief einzuatmen, sich selbst in den Arm zu zwicken oder sich die Weite des Meeres vorzustellen.

Panik schob sich in Saras Kopf, wollte diesen leer fegen und sich in Richtung ihres Körpers ausbreiten. Schon jetzt hatte sie das Gefühl, dass der Sauerstoff zur Neige ging. Wie würde das erst in einigen Minuten werden? Energisch zwang sie sich dazu weiterzuatmen. Einatmen. Ausatmen. Einatmen.

Es half, wenn auch nur begrenzt.

Da sie möglichst schnell – am besten sofort – hier raus wollte, suchte sie nach einer Lösung. Sie wandte sich dem uralten Eichenholzbüfett zu, das hinter ihr stand. Ungeduldig öffnete sie knarrende, schwergängige Schubladen und fand darin eine Menge nutzlosen Kram. Nichts, womit sie die verschlossene Tür aufstemmen oder das auffällig neumodische Türschloss knacken konnten. Hinter den verstaubten Glastüren stand hässliches buntes Geschirr, die unteren Schranktüren hingen nur noch halb an ihren Scharnieren und offenbarten uralte Töpfe und Bratpfannen. Dabei gab es hier nicht einmal Wasser, geschweige denn eine Kochgelegenheit. Sara hätte beinahe aufgelacht. Verzweifelt schaute sie sich um.

„Hier, Leute! Ha!" Siegessicher deutete Kenny auf ein Bücherregal.

„Denkst du, Dostojewski hilft uns, hier rauszukommen? Oder Tolstoi oder Sorokin? Grushin oder Petrushevski-irgendwer?" Paul, der schnell zu seinem Freund geeilt war, tippte auf die zerfledderten Buchrücken.

„Nein, aber Jane Austen." Kennys Grinsen wurde noch breiter.

„Hä?", machte Paul.

„Da stehen lauter russische Autoren, bis auf Austen", sagte Sara und schloss die Augen. Für einen Augenblick hatte sie gehofft, dass Kenny tatsächlich einen Ausweg aus ihrer misslichen Lage gefunden hatte. Die Enttäuschung ließ erneut die Zimmerwände näher zusammenrücken.

„Sie ist ein schlaues Mädchen", lobte Kenny und schenkte Sara sein Superhelden-Lächeln. Sie schmolz nicht dahin. Sie kannte Kenny, seit er in die Windeln gepinkelt und ihre Sandburgen zerstört hatte.

Um ihren Fokus von der zunehmenden Enge abzulenken, sah sie zu, wie Kenny den Austen-Schmöker aus dem Regal zog. Er fasste anschließend in den dadurch entstandenen Spalt, und kurz darauf war ein metallisches Klicken zu hören.

„Helft mal mit." Kenny stemmte sich mit seinem vom Kampfsport gestählten Körper gegen die Regalbretter. Als Paul ihm zu Hilfe kam, schwang ein Teil der Wand beiseite, und das Regal drehte sich in einen nebenan gelegenen Raum hinein. Dieser bestand aus roten Backsteinziegeln und wartete mit einer alten, klauenfüßigen Badewanne und einem schmalen Spiegelschrank auf. In dem Bad roch es feucht, fast muffig. Aber zumindest hatte es zwei nebeneinanderliegende Türen. Obwohl es noch kleiner war als der bisherige Raum, trat Sara ein.

Hinter ihr gab es ein schabendes Geräusch, dann ertönte ein lauter Schlag. Erschrocken wirbelte sie herum. Die Drehtür mit dem Bücherregal hatte sich selbstständig geschlossen.

„Cool", kommentierte Paul trocken.

Sara war spontan ein anderes Wort in den Sinn gekommen. Aber sie ließ es unausgesprochen, da ihre Erziehung dies verbot. Leider gelang es ihr nicht, die nun wieder aufsteigende Panik zurückzuhalten. Schnell lehnte sie sich an die kühle Backsteinwand, grub die Fingerspitzen in die Hohlräume und Vertiefungen und betete um Ruhe und Gelassenheit.

Dies war ihr Geburtstag. Sahen die beiden Abenteurer denn nicht, dass sie immer verzweifelter wurde? Doch Kenny und Paul versuchten gerade, die Türen in diesem eigentümlichen Badezimmer zu öffnen. Die, an der Paul sich versuchte, schwang mit lautem Quietschen auf, bei Kenny ließ sich nicht einmal die Klinke drücken.

„Ich denke nicht, dass wir hier rauskommen. Zu einfach", kommentierte Paul seinen Erfolg.

„Sieh dennoch mal nach", sagte Kenny.

Er war der geborene Anführer. Schon immer gewesen. *Außer damals vielleicht,* überlegte Sara, um ihre Gedanken mit etwas anderem als dem Engegefühl in ihr zu beschäftigen. *Als er noch Windeln trug, ich aber nicht mehr. Obwohl ich ein halbes Jahr jünger bin. La-la-la-la-la-la. Alles ist okay. Bald bin ich wieder draußen. Ich schaffe das. Gott? Bist du da? Hilf mir! Ich will die beiden nicht… ablenken. Enttäuschen.*

Sarah hörte Paul in irgendwelchen Sachen kramen. Er schien mit sich selbst zu reden. Dann krachte es laut. „Alles okay. Ich habe nur eine alte Kiste umgeworfen", rief er herüber.

Mittlerweile hatte Kenny systematisch den Spiegelschrank und die Klauenbadewanne abgesucht, dazu hatte er sich sogar hingelegt, um die Unterseite zu inspizieren. Nun ging er an den Wänden entlang, strich mit den Fingern über den Mörtel und klopfte gegen die Backsteine.

„Hilf mir doch ein bisschen!", sagte er über die Schulter.

„Was suchst du denn? Noch eine Geheimtür?"

„Ja, etwas in der Art. Ein Luftzug, der uns verrät, wo es eine Öffnung geben könnte."

„Ich habe da was!", rief Paul aufgeregt.

„Warte kurz", erwiderte Kenny und klang alarmiert. Wohl zu Recht. Denn im gleichen Augenblick ertönte ein seltsames Summen. Die Tür, die Paul gerade geöffnet hatte, schlug mit einem gewaltigen Donnern zu und sperrte ihn dahinter ein.

Sara rannte panisch herzu und ergriff die Klinke. Doch nun ließ sich auch diese nicht mehr herunterdrücken.

„Elektronische Sperre", kommentierte Kenny zwischen zusammengepressten Zähnen hindurch.

„Mir gefällt das nicht", rutschte es Sara heraus.

„Ja, jetzt sind wir getrennt. Paul hätte einfach warten sollen…"

„Kenny –"

„Ist schon gut. Wir bekommen das auch so hin."

Noch ehe Sara etwas sagen konnte, ging das Licht aus. Sie atmete scharf ein. Vollkommene Dunkelheit umgab sie. Stille. Bis auf ihren eigenen Atem und der von Kenny.

„Das ist… schräg."

Sara hätte beinahe aufgelacht. Vermutlich wäre ihr Lachen reichlich hysterisch ausgefallen. Sie wusste schlicht nicht, ob sie die Dunkelheit als Freund begrüßen sollte. Immerhin verbarg diese, in welch kleinem Loch sie eingesperrt war.

„Im Spiegelschrank sind Streichhölzer", sagte Kenny.

Sara atmete erleichtert auf. Zumindest dahingehend hatte Kennys penible Überprüfung des Raumes etwas Gutes.

„Bleib einfach, wo du bist. Ich finde das Ding und – autsch." Ein metallisch klingender Schlag brachte Kennys beruhigende Worte zu einem abrupten Ende. Obwohl Sara absolut nichts sehen konnte, wusste sie, dass Kenny von seinem Zusammentreffen mit der Badewanne bald einen gewaltigen Bluterguss am Schienbein haben würde. Und ja, sie spürte ein klein wenig Schadenfreude in sich.

Etwas klapperte, dann ratschte ein Streichholzkopf über die Reibefläche. Eine gelbe Flamme beleuchtete Kennys Gesicht. Seine Augen suchten sie, sein Lächeln hatte tatsächlich etwas Beruhigendes.

Ja, sie vertraute diesem Spinner. Mehr als das. Aber das musste er nicht erfahren. Immerhin waren sie Freunde.

„Wir nehmen die Streichhölzer zu Hilfe, um einen Luftzug zu finden."

„Gut." Sara suchte Kennys Nähe. Einerseits würde es von Vorteil sein, sich zu beschäftigen, vor allem in Hinblick darauf, dann vielleicht umso schneller diesem Spuk entkommen zu können. Andererseits fühlte sie sich sicherer, wenn er in ihrer Nähe war.

Achtzehn Streichhölzer später fand Sara, was sie suchten. Die Streichholzflamme flackerte und bog sich zur Seite. Der Mörtel zwischen den Backsteinen, vor denen sie stand, schien fast vollständig zerbröselt und zu Boden gefallen zu sein, auch wenn es auf den Fliesen dafür keinen Hinweis gab. Die waren ohnehin überraschend sauber.

„Gut gemacht, Sara." Kenny fuhr mit den Fingern über die Stelle zwischen zwei Steinen, streckte sich und nickte kurz darauf. „Komm, wir drücken hier mal."

Sara würde fast alles tun, um dem nachtschwarzen Raum zu entkommen, zumal allmählich eine unangenehme Kälte in ihre Beine kroch.

Gemeinsam drückten sie gegen die Mauer. Verblüfft stellte Sara fest, dass diese tatsächlich ein wenig nachgab. Oder war dies nur Wunschdenken?

„Kräftiger!", keuchte Kenny, und so warf sich Sara mit ihrem ganzen Körpergewicht gegen die Wand. Knarrend und sehr widerstrebend schwang diese schließlich auf, wie zuvor schon das Bücherregal, und drehte sich um eine unsichtbare Achse.

Allerdings waren Kenny und Sara weiterhin von Dunkelheit umgeben. Nur irgendwo weit entfernt gab es einen hellen Schimmer.

„Seltsam", brummte Kenny. Dabei ergriff er Sara bei der Hand und führte sie an allerhand grauen Schatten vorbei — leeren Metallregalen, Holzpaletten, unförmigen Gerätschaften, die unter Planen versteckt waren, und einer Menge Müll. Die Luft roch abgestanden und war mit Benzindämpfen getränkt. Je näher sie dem Lichtschimmer kamen, umso lauter wurde ein Brummen, das, so vermutete Sara, von einer Heizungsanlage stammte.

Endlich gelangten sie an ein graues Rolltor. Zwischen den Lamellen schien Tageslicht herein und warf gepunktete Linien auf den schmutzigen Betonboden.

„Ich denke, wir sind hier falsch." Kenny fuhr sich mit beiden Händen durch das kurze Haar.

„Das ist mir ziemlich egal. Ich will endlich hier raus!"

„Warum ...? Du hattest ...?"

Sara sah im Halbschatten die Verblüffung auf seinem Gesicht. „Wie lange kennen wir uns jetzt schon, Kenny Meyer?"

„Einundzwanzig Jahre, zwei Monate und fünf Tage."

Sara war verblüfft. Mit einer so detaillierten Antwort hatte sie nun wirklich nicht gerechnet. „Und dir ist während dieser einundzwanzig Jahre, zwei Monate und fünf Tage nie aufgefallen, dass ich Platzangst habe?"

„Das habe ich völlig vergessen. So ein Mist!"

„Richtig."

„Es tut mir leid."

Von draußen waren Stimmen zu hören. Ein Mann sagte: „Na, dann mach mal das Tor hoch."

Ratternd glitt das Rolltor nach oben und eröffnete einen Blick auf verschneite Wiesenflächen und den weißen, gedrungenen Kirchturm der nächstgelegenen Ortschaft. Dahinter ragten schneebedeckte Berge dem stahlgrauen Himmel entgegen.

„Ich habe doch gesagt, ich bringe uns hier raus." Kenny klang ungewohnt kleinlaut.

„Das hast du auch, Meister", spottete der Mann, der sie befreit hatte. „Allerdings hat es vor dir noch niemand geschafft, die *Escape Rooms* durch die Lagerhalle zu verlassen. So ist das nämlich nicht gedacht."

Kennys Grinsen war eine Mischung aus Begeisterung, Stolz und... Verlegenheit. „Draußen ist draußen", meinte er lahm und erntete von den beiden Betreibern der *Escape Rooms* ein Kopfschütteln.

Hinter ihnen kam Pauls Auto zum Stehen. Der Freund sprang heraus, eilte herzu und schlug Kenny lachend auf die Schulter. „Du bist und bleibst ein einziges Desaster." Paul nahm seinen Funkknopf aus dem Ohr, mit dem er Kontakt zu demjenigen gehalten hatte, der die Spieler über Kameras im Blick behielt, und gab ihn einem der beiden Männer zurück. Der andere schloss gerade das Rolltor.

„Ich hoffe, du bist wenigstens deine Liebeserklärung losgeworden."

Sara blinzelte. „Wie bitte?"

Kenny strich sich verlegen durchs Haar.

„Hast du nicht?" Paul sah seinen Freund zuerst entgeistert an, dann brach er in schallendes Gelächter aus.

„Ich war abgelenkt. Weil irgendetwas nicht stimmte."

„Natürlich stimmt etwas nicht, wenn man in einem *Escape Room* einen Ausgang nutzt, der nicht für die Spieler bestimmt ist, sondern den Betreibern dazu dient, die Räume umzubauen."

„Moment!", ging Sara dazwischen, stemmte die Hände in die Seite und baute sich vor Kenny auf. Was lächerlich war, immerhin überragte er sie um gut zwanzig Zentimeter.

„Du hast mich, gemeinsam mit meiner Klaustrophobie, in diesen putzigen Räumen eingesperrt, um mir zu sagen, dass du... dass du...?"

„Ich wollte dir ein unvergessliches Erlebnis schenken. Eine ganz besondere... Situation, um... Na ja, war nicht meine beste Aktion", gab Kenny zu und ergriff sie an den Oberarmen. „Aber ja. Eigentlich wollte ich dir gestehen, dass ich dich liebe."

„Seit Jahren!", warf Paul ein und winkte den beiden Männern nach, die sich grinsend entfernten.

„Du hast eine seltsame Art, Zuneigung zu zeigen", murmelte Sara. Betroffen. Und erleichtert. Und... glücklich!

„Ich hoffe mal, einen Antrag – irgendwann – bekommst du besser hin", zog Paul Kenny auf, zwinkerte Sara zu und verzog sich in sein Auto.

* * *

Stunden später schloss Sara die Fensterläden ihres Apartments und setzte sich auf die Couch. Ihr Blick fiel auf ihre Bibel, die seit Monaten unbenutzt auf dem Fenstersims lag. Sie ergriff das Buch und strich über den blauen Einband.

In den Räumen dieses neuartigen *Live Escape Game* hatte sie das erste Mal seit langem ein Gebet gesprochen. Es war zwar nur ein flüchtiges Stoßgebet gewesen, dennoch hatte es ihr geholfen, nicht in haltlose Panik zu verfallen. Und als dieser Mann vor dem Hallentor gesagt hatte: „Na, dann mach mal das Tor hoch", war ihr eines dieser alten Adventslieder eingefallen. Der Satz – und der Liedtext – waren ihr überaus tröstlich vorgekommen. Mehr als die Situation es verlangt hätte. Denn in diesem Augenblick hatte sie nicht nur einen Ausweg aus dieser räumlichen Enge und Dunkelheit gesehen, sondern auch aus ihren Glaubenszweifeln.

Plötzlich hatte sie begriffen, dass es okay war zu zweifeln. Dass es nicht schlimm war, wenn sie mal eine falsche Tür nahm. Dass es einen Ausweg gab, selbst dann, wenn sie sich in Schwierigkeiten manövrierte. Dass Gott ihr mit der Bibel einen Wegweiser mit auf die Lebensreise gegeben hatte.

Und so wie Kennys Liebeserklärung wirklich ungewöhnlich ... ja, schräg gewesen war, so außergewöhnlich war doch auch die Liebeserklärung Gottes an seine Menschen. Er hatte ihnen seinen Sohn geschenkt. An Weihnachten hatte der Gottessohn sich ganz kleingemacht, um den Menschen nahe zu sein. Er war Teil ihres Lebens geworden, hatte ihnen Hoffnung, Licht und Rettung gebracht.

Jesus war das Licht, an dem sie sich orientieren konnte, das ihr den Weg wies. Dorthin, wo es Freude und Frieden gab. Leben. Ewiges Leben. Und ein klein wenig davon drang – wie der Lichtschein durch die Ritzen des Rolltors – auch schon in diese Welt vor. Sie musste es nur wahrnehmen, darauf zugehen, es ergreifen und annehmen.

18
Annies Weihnachtswunsch

Annie staunte nicht schlecht, als sie die Girlanden aus Tannengrün entdeckte. Diese wanden sich an den weißen Säulen empor, die die Veranda des oberen Stockwerks trugen. Die junge Lehrerin war die kalten, schneereichen Winter im mittleren Westen gewohnt, weshalb sie heute – ein äußerst milder Tag – das Gefühl hatte, es sei gerade erst September; vielleicht auch ein recht milder Oktober.

Allerdings stand dieser weihnachtliche Schmuck dem weißen Herrenhaus, dem Herzstück von *Birch Island Plantation*, ausgezeichnet. Mit seinen bodentiefen, oben abgerundeten Fenstern, den lindgrünen Läden und den beiden rundum verlaufenden Veranden war das Gebäude eine wahre Perle. Wie so einige der großen Häuser im tiefen Süden der USA.

Annie raffte den cremefarbenen Rock und die vielen Schichten Unterröcke und stieg zur Veranda hinauf. Neben einer der weihnachtlich geschmückten Säulen drehte sie sich um und blickte auf die Birkenallee. Die beiden Reihen schlanker Gelbbirken zogen eine fast zwei Kilometer lange Schneise durch die sanft gewellten Wiesen. Der Straßenbelag aus weißen Kieseln und Muschelkalk leuchtete in der milden Dezembersonne.

Der rasche Hufschlag eines sich nähernden Reiters ließ Annie auf der Veranda verharren, anstatt, wie geplant, ins Haus zu gehen. Ein Farmer aus der näheren Umgebung ritt auf einem schwerfälligen Kaltblut bis vor die unterste Stufe. Er stieg nicht ab, zog aber hastig seinen Filzhut.

„Guten Abend, Miss. Ist der Doc da?", fragte er mit starkem deutschen Akzent.

Auf der elterlichen Farm hatten sie Deutsch gesprochen, weshalb Annie in der Muttersprache ihrer Eltern entgegnete: „Ich habe Dr. Williams vorhin noch gesehen. Ich hole ihn für Sie."

„Danke, Fräulein." Der Mann klang erleichtert. Womöglich hatte er befürchtet, dass er an der Sprachbarriere scheitern könnte.

Während Annie über die geweißten Holzdielen zur Eingangstür ging, rief der Farmer ihr nach: „Würden Sie ihm bitte ausrichten, dass es eilt? Meine Tochter liegt seit fast zwanzig Stunden in den Wehen und ..." Den Rest des Satzes verschluckte er. Wohl, weil er wusste, dass die Herrschaften auf den großen Plantagen ihre eigenen Regeln hatten. Dazu gehörte auch, dass Männer niemals über Frauenthemen sprachen. Und schon gar nicht mit einer Frau.

Annie schob die schwere Tür auf und entdeckte den Gesuchten im leicht erhöhten Atrium. Der Raum bestach durch seine schlanken, runden Säulen, den geschwungenen Treppenaufgang und die rundum verlaufende Galerie des oberen Stockwerks.

„Dr. Williams?", rief sie.

David sprach gerade mit seiner jüngeren Schwester Marianna, Annies Schülerin, wandte sich aber nach einigen Augenblicken zu ihr um. „Hat man Ihnen im Lehrerseminar nicht beigebracht, nicht einfach in eine Unterhaltung zu platzen?", fragte er mit spöttisch funkelnden Augen.

David zog sie gern auf, verstand es aber auch einzustecken. Annie fand das überaus sympathisch – ja, sogar mehr als das. Doch sie war nicht bereit, sich dies einzugestehen.

„Nein, derlei gehörte nicht zur Ausbildung", antwortete sie.

„Ich sollte vielleicht eine Eingabe verfassen und dorthin schicken. *Derlei* gehört dringend in den Unterricht angehender Lehrkräfte."

„Wenn *Sie mich* ausreden lassen würden, könnten Sie sich das sparen. Derlei lernen angehende Lehrkräfte nämlich bereits von ihren Eltern."

„Dann waren Sie während dieser Lektion vermutlich gerade anderweitig beschäftigt. War es ein Wettrennen mit dem Nachbarsjungen? Oder gar eine Schlägerei mit ihm?" David sah sie herausfordernd an.

Annie sparte sich ein Kontern. Denn während sie sich hier mit dem jungen Mediziner duellierte, wartete vor dem Haus jemand.

„Draußen ist ein Reiter", erklärte Annie. „Er braucht dringend einen Arzt für seine Tochter."

Das amüsierte Schmunzeln auf Davids Gesicht war wie weggewischt. Nun sah Annie den verantwortungsbewussten Mediziner, der stets großen Einsatz für seine Patienten zeigte.

„Danke, Miss Braun. Ich hole nur schnell meine Tasche."

„Ich schicke Benjamin in den Stall, damit dort Ihr Pferd gesattelt wird."

David nickte ihr kurz zu und nahm zwei Stufen auf einmal, als er die Treppe hinaufeilte. An der Galeriebrüstung hielt er inne und erwischte Annie dabei, wie sie ihm nachschaute. „Machen Sie nur ja keine Dummheiten, ehe ich zurück bin."

„Ganz sicher nicht." Annie grinste.

„Ich sage das nicht, weil Sie vielleicht mal wieder einen Arzt brauchen könnten ..."

„Das ist mir klar. Sie treibt einzig und allein die Sorge um, dass Sie eine meiner Eskapaden, wie Sie es nennen, verpassen."

„Sie haben mich durchschaut", gab David zurück, wandte sich um und lief durch den Torbogen in den abzweigenden Flur.

„So ein Gauner", sagte Annie nicht eben leise. Dabei spürte sie ihr Herz so heftig schlagen, als sei dieses mit

David die Stufen hinaufgestürmt. Energisch verscheuchte sie den Gedanken. Sie musste dringend ihr empfindsames, ohnehin schon viel zu oft von Verlustschmerz traktiertes Herz schützen.

„Soll ich den Stallburschen verständigen, Missi?" Der alte, dürre Benjamin, der auf *Birch Island* als Butler fungierte, stand plötzlich direkt hinter Annie. Erschrocken wirbelte sie herum, sodass sich die Lagen ihres Rockes um ihre Beine wickelten. Wieder einmal war es dem Sklaven in seiner grau-grünen Livree gelungen, sich unbemerkt anzuschleichen.

„Irgendwann brauche ich deinetwegen einen Arzt", stieß Annie hervor.

„Da ist es von Vorteil, dass einer im Haus lebt, Missi."

Für einen kurzen Moment stand Annie der Mund offen. Was war nur in den überkorrekten, ja, steifen Benjamin gefahren? Ob die Weihnachtszeit etwas damit zu tun hatte? Entfaltete sie ihren Zauber auch in den Herzen der Sklaven?

„Ich denke… ich gehe selbst hinüber zum Stall", entschied Annie spontan. Während sie durch das Atrium und anschließend durch den Küchentrakt eilte, um durch eine der Verandatüren das Gebäude zu verlassen, redete sie sich ein, dass sie dem alten Mann nur den Weg abnehmen wollte. Außerdem liebte sie die Gerüche in den Stallungen und die friedliche Atmosphäre bei den Pferden.

Das große Scheunentor stand offen. Annie betrat die penibel saubere Stallgasse und strich im Vorbeigehen dem grauen Hengst Storm über die Nüstern.

„Garry? Bist du da?", rief sie, als sie das letzte Pferdeabteil passiert hatte. Da sie keine Antwort bekam, wandte sie sich der Leiter zu, die zu den primitiven Unterkünften derjenigen hinaufführten, die für die Pferde und die Fahrzeuge der Williams verantwortlich zeichneten.

„Garry? Raven?", rief sie die Stiege hinauf. Es war ungewöhnlich, dass beide Stallburschen unterwegs waren.

„Na gut", murmelte Annie, kehrte um und holte Lady, Davids beste Stute, aus dem Verschlag. Da die Zeit drängte, bürstete sie nur rasch über den Rücken des braunen Pferdes und dort, wo der Sattelgurt aufliegen würde. Dann ging sie den schweren Sattel holen.

Zurück bei dem edlen Tier zögerte sie einen Moment.

„Als Stallmädchen sind Sie zu schmächtig", sagte David, der neben sie trat. Er lächelte und nahm ihr den Sattel ab, wobei sich seine Hände einen Augenblick lang fest um die ihren schlossen.

„Ist das Ihre Art, sich für meine Hilfe zu bedanken?", fragte Annie spitz; sie war aufgewühlt.

„Hm", machte er, während er den Sattelgurt festzog. „Eigentlich wüsste ich da bessere Methoden."

„So?" Mehr wagte Annie nicht zu sagen. Ihr Eindruck, dass er weniger von einem Handschlag oder einem Dank sprach, weckte ihr Misstrauen.

„Die zeige ich Ihnen bei Gelegenheit. Jetzt habe ich es eilig." Noch in der Stallgasse schwang er sich in den Sattel der Stute, die sich bereits in Bewegung gesetzt hatte.

Kaum dass David aus ihrem Blickwinkel verschwunden war, stürmte Raven von der Remise herüber. Erschrocken über ihre Anwesenheit wich er regelrecht zurück. Hatte er angenommen, sie sei dem Reiter ins Freie gefolgt?

„Oh!", entfuhr es dem Jungen. Schnell riss er sich den ausgefransten Strohhut von den schwarzen Locken. „Missi?"

„Wo warst du denn?"

„Draußen im Dorf." Raven trat von einem Fuß auf den anderen und knetete die Krempe seiner Kopfbedeckung.

„Was ist los?", fragte Annie misstrauisch. Im selben Moment entstand bei den Kutschen Unruhe. Annie hörte, wie Orlean, eine der ältesten Sklavinnen auf *Birch Island* sagte: „Bleib hier. Die Missi ist …" Der Rest ging in einem weiteren Tumult unter.

Annie eilte an dem Stallburschen vorbei, passierte eine Equipage und die Chaise und sah noch, wie ein zerlumpter Schwarzer aus der Nebentür hinkte. Irritiert wandte sie sich an die alte Orlean, die um diese Uhrzeit eigentlich nicht mehr in der Nähe des Hauses sein sollte.

„Was ist denn los, Granny Orlean?"

„Ach, Missi Annie …", Orlean fuchtelte ungewohnt aufgewühlt mit den Händen. „Der Junge ist von einer Plantage geflohen und dabei in eine Wildfalle geraten. Ich wollte gerade nach seiner Verletzung sehen. Doch Master Davids und Ihre Anwesenheit hat ihn vertrieben."

Entsetzt schloss Annie die Augen. Dass Sklaven flohen, kam vor, doch noch nie zuvor war einer der Flüchtenden auf *Birch Island* gelandet.

Plötzlich erklangen laute Rufe vor den Nebengebäuden. Ein Schuss folgte und gleich darauf ein Schrei. Eiseskälte jagte Annie durch die Adern. Noch ehe sie Raven und Orlean anweisen konnte, sich zurückzuziehen, damit sie nicht mit dem Flüchtenden in Zusammenhang gebracht werden konnten, schob jemand das Remisentor auf.

Goldene Sonnenstrahlen drangen herein und beleuchteten den in der Luft tanzten Staub. Annie wusste, dass auf sie – als Frau aus dem Norden – gewaltige Anfeindungen zukommen könnten. Schlimmer würde es jedoch für die beiden *Birch Island*-Sklaven sein. Denn im Gegensatz zu ihr konnten sie South Carolina nicht verlassen. Also stürmte sie nach vorn in den Lichtschein, in der Hoffnung, dass Orlean und Raven sich unbemerkt entfernten.

„Miss Braun?" Richard Williams, der Patriarch von *Birch Island*, baute sich bedrohlich vor ihr auf. In seiner linken Hand hielt er einen Revolver, den rechten Arm hatte er im Mexico-Krieg verloren. Hinter ihm zerrte Bowers, der Weiße, der für die Bewachung der Feldsklaven zuständig war, einen dunkelhäutigen Jungen von vielleicht fünfzehn Jahren herein. Bowers gab dem Gefangenen einen derben Stoß, sodass er auf die Knie fiel und dort zitternd vor Angst blieb.

Annie drohte es das Herz zu verknoten. Der Junge war für sein Alter viel zu schmächtig, wohl eine Folge von Mangelernährung. Man hatte ihm alle vier oberen Schneidezähne entfernt, was ihn zeitlebens als Sklaven brandmarken würde. Trotz des diffusen Lichts der untergehenden Sonne entdeckte Annie unzählige Schrunden und Narben auf seinen unbekleideten Armen. Außerdem fehlte ihm der Zeigefinger der linken Hand. Trotz der Staubschicht auf den Fußsohlen waren dort weiße und rote Linien zu sehen. Vermutlich war er ausgepeitscht worden.

Annies Blick ging besorgt und ängstlich zugleich zu Richard. Sah er ebenfalls, wie grausam man diesen Jungen gequält hatte, offenbar über Jahre hinweg? Davids Vater war ein Kind der Südstaaten und in dem Credo erzogen worden, dass Sklaven als Arbeiter nützlich, ansonsten aber zu nichts zu gebrauchen seien. Manche Menschen sprachen ihnen sogar ab, eine Seele zu haben. Doch Richard war nicht sadistisch veranlagt. Im Vergleich zu vielen anderen Plantagenherren sorgte er für seine Arbeiter. Sicher auch, weil ihm klar war, wie dringend er sie für den Erhalt der Plantage brauchte.

„Mr Williams", begann Annie zögernd, wurde jedoch durch eine knappe Handbewegung zum Schweigen gebracht.

„Bowers, legen Sie dem Kerl Ketten an."

Der Mann folgte der Anweisung. Als er die ausgefransten Hosenbeine hochschob, sah Annie nicht nur die frische Verletzung durch die Wildfalle, sondern weitere offene Stellen, die vom jahrelangen Tragen einer Fußfessel herrührten.

„Nehmen Sie das andere Bein", bestimmte Richard, und Annie schloss vor Erleichterung die Augen.

„Was haben Sie mit dem Kerl zu schaffen?" Richards Frage, die laut und drohend an Annie gerichtet war, ließ sie die Augen wieder aufreißen.

„Nichts", stammelte Annie. Sie wollte den Mann nicht anlügen, hoffte aber dennoch, Orlean und Raven heraushalten zu können.

„Danke, Bowers. Gehen Sie zurück zu den Hütten. Es wird dunkel. Nicht dass einer unserer Leute auch noch auf dumme Gedanken kommt."

Bowers ging wortlos davon und schloss das Remisentor. Damit blieben Annie und Richard allein mit dem zitternden Jungen zurück. Im Dämmerlicht beobachtete sie, wie Richard seinen Arm in den Rücken legte und nachdenklich auf und ab ging. Schließlich baute er sich vor der Lehrerin seiner Kinder auf. „Ich höre, Miss Braun?"

Annie atmete tief durch. „Ich ... ich habe dieses Kind zum ersten Mal gesehen, als Sie es reinbrachten."

„Der Bursche hat hier Hilfe gesucht?"

„Vermutlich. Aber wie Sie sehen können, ist seine Wunde nicht verbunden. Bisher hat sich niemand um ihn gekümmert."

„Was Sie wohl gern ändern würden?"

Annie senkte den Kopf, um ihr Lächeln zu verstecken. Der Mann war weicher, als er zeigen wollte. Vor allem ihr gegenüber, das wusste sie nur zu gut. Dennoch durfte sie seine Gutmütigkeit nicht überstrapazieren.

„Ich würde im Augenblick *so einiges* ändern wollen", wagte sie sich trotzdem vor.

Richard wandte sich ab, doch Annie sah, wie er den Gefangenen musterte. Ob ihm vor Augen stand, dass dem Geflohenen der Strick drohte, sobald er zurück bei seinem

Besitzer war? Aber vielleicht wäre Tod durch Erhängen sogar noch gnädig, bedachte man die Folterspuren an seinem
Körper.

„Was denken Sie, Miss Braun?"

Annie presste die Lippen zusammen. Testete er sie gerade
wieder? Sie war nun mal die eigenwillige Frau aus dem Norden. Mit ihren nicht immer ganz durchdachten Handlungen
und ihrem Einsatz für die Sklaven sorgte sie gelegentlich für
Aufruhr. Aber klein beigeben war nicht ihre Art.

„Es ist Weihnachten", entgegnete sie leise. Sanft und bit-
tend.

Von Richard kam ein Geräusch, das dem Schnauben eines
Pferdes ähnelte. Wieder nahm er seinen nervösen Gang
auf.

Annie bebte innerlich. Sie wusste, dass der Patriarch die
Macht hatte, den Sklaven an seinen Besitzer auszuliefern,
der ihn auf der Stelle erschießen würde.

„Er bekommt kein Essen, keine medizinische Versorgung.
Er soll einfach nur verschwinden", entschied Richard.

„Danke." Annie atmete auf. Sie hätte dem Mann vor Glück
beinahe den Arm gedrückt, wagte das dann aber doch nicht.

„Ich verlasse mich darauf, Miss Braun. Auch wenn Sie
gern so viel mehr tun würden."

„Kein Essen, keine medizinische Versorgung. Und er geht
augenblicklich von hier fort."

Ein zweifelnder Blick hielt den ihren lange gefangen,
dann nickte Richard und löste eigenhändig die Fußfessel.

„Verschwinde, Bursche."

Annie traten Tränen in die Augen. Ein Schluchzen der Erleichterung und der Freude brach sich in ihr Bahn. Sie hatte Mühe, es zu unterdrücken. Der Junge war frei!

Der entlaufende Sklave hatte es vermutlich nicht gehört, weil er den Respekt einflößenden Mann nicht kannte. Aber Annie war sich sicher, seinen Tonfall richtig einzuschätzen: Richard wünschte dem geschundenen Kind insgeheim, in Sicherheit zu sein. Er wollte dem Jungen Zuversicht vermitteln und hoffte, dass er Frieden fand. Freiheit. All das, wofür Weihnachten stand.

* * *

Nur eine Stunde später kehrte David zurück. Er traf Annie im Stall an, die noch immer ihr aufgewühltes Gemüt beruhigen musste. Für sie war es hier bei den Pferden einfacher als drinnen im Haus, den Himmel mit ihrem Gebet zu bestürmen – um Schutz für den Geflohenen, der trotz seiner Verletzung hoffentlich schon sehr weit weg von hier war.

„Die Frau hat einen gesunden Jungen. Ein hübsches Weihnachtskind. Offenbar musste sie nur ihren übernervösen Vater aus dem Haus haben, damit endlich etwas voranging."

Annie half ihm wie selbstverständlich, die Stute abzusatteln und trocken zu reiben. Amüsiert schüttelte sie den Kopf. David war im Distrikt als Quertreiber bekannt. Dass er ihr gegenüber so freimütig von der Geburt sprach, wunderte sie deshalb nicht. Ob er wohl wusste, wie rebellisch sein Vater sein konnte?

David räusperte sich. „Und was haben Sie während meiner Abwesenheit alles angestellt?"

„Alles? Sie waren ja nicht einmal zwei Stunden weg", ereiferte sich Annie.

„Das genügt, um eine Menge Aufruhr zu verursachen. Zumindest für Sie. Also? Was war los?"

„Ach, nichts Besonderes. Ich habe nur ein Weihnachtswunder erlebt."

Die Figuren in dieser Geschichte stammen aus meiner „Töchter der Freiheit"-Romanreihe, die unter dem Pseudonym Noa C. Walker erschienen ist.

19
Die zwei Pinselstriche

„Warum kommst du nicht, wenn Mama dich darum bittet?"
Nicole klang vorwurfsvoll.

Petra runzelte missmutig die Stirn, während sie das Telefon noch kräftiger an ihr Ohr drückte. „Ich habe ihr gesagt, ich fahre nach ihrer Operation zu ihr."

Und das ist früh genug, sagte sich Petra. Üblicherweise besuchte sie Lisa, ihre Mutter, einmal im Jahr, und zwar an deren Geburtstag im Februar. Jetzt war Petra gezwungen, sie zusätzlich knapp vor Weihnachten aufzusuchen.

Selbstverständlich würde sie hinfahren, immerhin war bei ihrer Mutter im Sommer Krebs diagnostiziert worden, weshalb nun ein weiterer Eingriff anstand. Aber Petra hatte es nicht eilig. Sie war mit achtzehn vor über zehn Jahren ausgezogen, und seither beschränkte sich der Kontakt zu ihrer dominanten Mutter auf diesen einen Besuch im Jahr. Mehr war für sie beide nicht verträglich. Es hatte in der Vergangenheit zu viele Dispute zwischen ihnen gegeben, selbst jetzt noch wuchs die Uneinigkeit bei jedem ihrer Treffen innerhalb von Stunden wie wucherndes Unkraut um Mutter und Tochter herum und drohte sie zu erdrücken.

Petra wusste, dass sie nun mal nicht die strebsame Tochter war, die den Beruf erlernt hatte, den ihre Mutter für praktikabel gefunden hatte. Und sie hatte nicht den Mann geheiratet, den Lisa ihr vorgestellt hatte ...

Petra war, ganz im Gegensatz zu ihrer braven älteren Schwester Nicole, eine Rebellin, lebte als Künstlerin in einer Welt, die dem durchstrukturierten Lebenswandel ihrer Mutter konträr gegenüberstand. Die beiden waren sich fremd geworden – vermutlich schon immer gewesen. Deshalb hatte Petra die Flucht ergriffen, um ihr Verhältnis nicht noch zusätzlich zu belasten.

„Petra, Mama lässt sich nicht operieren."

„Bitte? Warum denn nicht?", fragte Petra irritiert.

„Sie will es eben nicht mehr."

„Was geht jetzt wieder in ihrem Kopf vor? Sie ist gerade mal Mitte fünfzig! Da gibt man doch nicht einfach auf. Das passt überhaupt nicht zu ihrem Wesen!" Verständnislos verdrehte Petra die Augen. Was hatte ihre Mutter vor? Wen versuchte sie, damit zu beeindrucken? Wen wollte sie dieses Mal manipulieren? Erneut ihre jüngste Tochter?

„Das heißt, sie ist nicht im Krankenhaus?"

„Richtig", gab ihre ältere Schwester zu verstehen.

„Dann eilt es mit meinem Besuch ja nicht." Die Erleichterung, die in Petra aufstieg, fühlte sich an, als tauche sie in das angenehm temperierte Wasser einer Badewanne. Ihre geballte Faust lockerte sich, ihre Rückenmuskulatur entspannte.

„Hat dir der Farbgestank völlig das Gehirn vernebelt?" Nicole klang plötzlich wütend, und Petra sah sie deutlich vor sich: ihr gepflegtes langes Haar mit derselben honiggelben Farbe wie das ihre, ein hübsches, ebenmäßiges Gesicht, auf dessen Stirn sich im Augenblick eine steile Falte bildete.

Ein Anflug von Panik überfiel Petra. Sie durfte sich nicht auch noch mit Nicole überwerfen. Sie hatte sonst niemanden mehr, seit ihr geliebter Vater und der älteste Bruder, den sie nahezu abgöttisch bewundert hatte, vor fünfzehn Jahren bei einem Autounfall ums Leben gekommen waren. Ein tiefer Schmerz bohrte sich wie ein spitzer Stachel in Petras Herz. Sie trauerte immer noch. Die beiden hatten das eigentümliche Mädchen verstanden, das mit Acrylfarben die Säulen im Foyer ihrer Villa verschönerte, den Stamm des wertvollen japanischen Kirschbaums im elterlichen Garten mit Schnitzereien verzierte, den neuen Fahrrädern mit grellen Lacken ein individuelles Aussehen verpasste, dem Wasser im Pool mit Ölfarben für eine kurze Zeit bunte Wellen entlockte...

„Verstehst du es denn nicht, Petra? Mama lässt sich nicht operieren, weil sie ohnehin sterben wird."

„Aber..."

„Sie möchte Zeit mit dir verbringen. Und dabei nicht benebelt im Krankenhaus liegen, umgeben von Pflegekräften und Maschinen. Sie will ihre Sinne beisammen haben und dich an ihrer Seite!" Nicole schluchzte, dann war die Verbindung unterbrochen.

Petra betrachtete ungläubig das Telefon in ihrer Hand. Hatte ihre Schwester aufgelegt? Die taffe und erfolgreiche Geschäftsfrau, die den Betrieb des Vaters übernommen und sogar noch vergrößert hatte, der Liebling ihrer Mutter, die Tochter, die alles richtig machte, weinte am Telefon?

„Meine Güte!", entfuhr es Petra. Sie ließ sich auf ihre Couch plumpsen, die das mit einem lauten Quietschen kommentierte.

Mit schief gelegtem Kopf starrte Petra in den lichtdurchfluteten Nebenraum. Dort standen zwei Leinwände auf Staffeleien, eine begonnene Schnitzerei auf einem abgeschabten und mit Sägemehl bestreuten Tisch und ein derb gezimmertes Holzregal, das vor Farbtuben und -töpfen, Pinseln, Schwämmen, Spachteln, Schnitzmessern, Lappen und allerlei mehr förmlich überquoll. Ihre kleine chaotische Welt. Der Geruch von Lacken und Ölen war ihr vertraut, die im Licht der durch die großen Fenster fallenden Staub- und Sägemehlkörnchen wirkten angenehm beruhigend.

Was fühlte sie? Nichts?

Das stimmte nicht. Natürlich war sie erschrocken über die Nachricht, und es tat ihr leid für Nicole, die sehr an der Mutter hing. Aber empfand sie auch Trauer? Konnte sie um ihre Mutter weinen?

Petra kniff ein Auge zu. Sie hatte nicht mehr geweint, seit sie die letzte Träne über den Verlust ihres Vaters und

Bruders vergossen hatte. War sie denn so gefühlskalt? Dabei schwärmten die Kritiker, Galeristen und Kunstliebhaber doch von der Tiefe ihres künstlerischen Ausdrucks. Sie waren begeistert, wie viel Gefühl Petra in Farbkompositionen, in Bewegungen und Linien, in Haltung und Ausdruck zu legen vermochte. Hatten ihre Kunstwerke etwa mehr Seele als die Künstlerin selbst?

Nicoles Worte trieben sie um. Ihre Mutter wollte Zeit mit ihr verbringen? War dies Lisas ausdrücklicher Wunsch – dem Wissen zum Trotz, dass sie sich vermutlich innerhalb einiger weniger Stunden in die Haare geraten würden? Dennoch: Petra musste fahren, und wenn es allein deshalb war, um ihre Schwester nicht auch noch zu verlieren.

* * *

Obwohl es eisig kalt war, fand Petra ihre Mutter warm eingepackt auf der Terrasse mit dem Blick auf den abgedeckten Pool. Pflichtschuldig küsste sie die abgemagerte und mit einer ungesunden gelblichen Hautfarbe erschreckend hinfällig aussehende Frau auf die Stirn.

„Danke, dass du gekommen bist."

Petra hüllte sich in Schweigen. Was sollte sie auch sagen? Dass sie vielmehr um ihrer Schwester willen in die unpersönlich wirkende Villa zurückgekehrt war?

„Weißt du, wie viele Jahre es her ist, als der Pool farbige Wellen hatte?"

Da Petra weiterhin schwieg, fuhr ihre Mutter ungewohnt leise und mit brüchiger Stimme fort: „Es war wunderschön anzusehen."

„Ach?" In Petras Tonfall lagen Spott, aber auch Überraschung und Neugier.

„Damals sah ich das nicht. Aber ich habe vor einigen Tagen eine Fotografie gefunden, die dein Vater von dem bunten Wasser und seiner Künstlerin angefertigt hatte. Die farbigen Wellen waren bezaubernd." Lisas Seufzen klang traurig. „Ich habe mein Leben viel zu lange in Schwarz und Weiß eingeteilt, anstatt die bunten Farben zu bemerken."

„Und was hat sich geändert?", fragte Petra, völlig irritiert über das Gesprächsthema, das Eingeständnis und den weichen Tonfall.

„Meine Sicht auf die Welt vielleicht? Ich dachte immer, es müsse sich alles ums Vorankommen drehen, um Erfolg und Macht und um das Ansehen der Menschen. Mir ist leider nie in den Sinn gekommen, dass es viel wichtiger ist, was ich für andere tue und für sie empfinde – und was Gott für mich tut und für mich empfindet."

„Gott?" Petra ließ sich auf das Polster des zweiten Gartenstuhls fallen und wickelte sich in die bereitgelegte Decke. Ihre Augen glitten über die weißen Schneeflächen, die sorgsam gestutzten Hecken und Bäume. Sie bewunderte den Kontrast zwischen dem blauen Himmel und der Eintönigkeit der Winterlandschaft. Die Künstlerin in ihr verstand sofort, worauf ihre Mutter hinauswollte. Aber das verwirrte sie zusätzlich.

„Ich habe überaus viel Zeit zum Nachdenken, um das aus meiner Seele auszugraben, was mein Vater, der Pastor, früher in mich hineingelegt hat."

„Der Mann, mit dem du dich überworfen und den du vor seinem Tod nie wieder besucht hast?"

„Richtig. Und ich möchte dir die Selbstvorwürfe ersparen, die ich seither mit mir herumschleppe."

„Ach, weißt du …" Petra brach ab, als ihre Mutter sich mühsam herüberbeugte und ihre Hand ergriff.

„Vergib mir."

Petra verstand nicht, was da in diesem Augenblick vor sich ging, wie sie den Wirbel ihrer Gefühle und Gedanken in ihrem Inneren einsortieren sollte. Es war, als hätte jemand alle ihre Farbtiegel geöffnet und durcheinandergeworfen.

„Ist dir nicht kalt?", fragte Petra irgendwann, um überhaupt etwas zu sagen.

„Hör mir bitte zu, ohne gleich die Flucht anzutreten, ja? Ich habe in meinem Leben vieles falsch gemacht. Mein Bemühen, dich in ein Schema zu pressen, das ich als angenehm, vorzeigbar und befriedigend empfand, war wohl einer meiner größten Fehler. Ich habe deinen Weg als Künstlerin nicht verfolgt."

„Du meinst den Weg als ‚kritzelnde und hungernde Unruhestifterin'?"

Lisa zuckte zusammen, als Petra ihre eigenen Worte zitierte, fuhr aber tapfer fort: „Vor drei Wochen hat Florian mir ein Gemälde geschenkt."

„Der Florian, den du mit mir verkuppeln wolltest?"

Ihre Mutter nickte und Petra verzog das Gesicht. Sie hatte den jungen Mann gemocht. Er war lustig, höflich und sehr unterhaltsam gewesen. Vermutlich hätten sie gut zusammengepasst, jedoch hatte ihr Stolz es ihr verboten, überhaupt daran zu denken.

„Ich liebe das Gemälde. Es zeigt eine Mutterhand, die vor dem Dunklen und Bedrohlichen dieser Welt eine kleine Kinderhand schützend festhält und gleichzeitig das Kind wegweisend in eine bunte Zukunft führt."

Petra runzelte die Stirn. Sprach Lisa von *ihrem* Bild, das sie vor einigen Wochen ausgesprochen gewinnbringend verkauft hatte?

„Ich sehe in der Hand zugleich auch eine Vaterhand."

Diesmal zog Petra die Nase kraus. Die Hand war ihr nicht zufriedenstellend gelungen. Sie war viel zu kräftig, doch der Galerist hatte genau den Umstand genial gefunden.

„Ich habe im Hintergrund des Bildes eine Unregelmäßigkeit entdeckt."

Petra schwieg weiterhin. Wusste ihre Mutter denn nicht, von wem das Gemälde stammte?

„Jedes Mal, wenn ich das Bild betrachtet habe, fand mein Auge zielsicher diese Abweichung in der Pinselführung, die wie ein Kreuz wirkt." Lisa kehrte seufzend in die Gegenwart zurück. „Gott hat mir alle meine Fehler und Schuld verziehen – durch seinen Sohn, der am Kreuz gestorben ist. Das war aber nur möglich, weil es Weihnachten gibt! Weil der Sohn Gottes in unsere Welt gekommen ist. Jesus hat Licht in meine Dunkelheit gebracht, er hat die Trostlosigkeit meines

Lebens wieder mit Farbe gefüllt. Ich habe keine Ahnung, ob du beim Malen daran gedacht hast. Falls nicht, dann glaube ich, dass Gott den Pinsel für dich geführt hat, damit wir gemeinsam Weihnachten feiern können."

„Mama…?" Die Anrede, die Petra seit ihrem Auszug nicht mehr gebraucht hatte, war ihr versehentlich herausgerutscht. Doch es fühlte sich richtig an.

Petra sah, wie dieses eine Wort ihrer Mutter Tränen in die Augen trieb. Dennoch sprach Lisa weiter, als habe sie es eilig, das loszuwerden, was ihr auf dem Herzen lag.

„Ich habe Vergebung erlebt, und ich möchte dich bitten, mir zu verzeihen. Gib uns die zwei Wochen bis Weihnachten. Bleib bitte so lange hier. Lass uns zusammen unsere schwierige Vergangenheit aufarbeiten.

„Ob das wirklich eine gute Idee ist?"

„Wir erfahren es nur, wenn wir es versuchen." Lisa sah sie flehentlich an und deutete dann mit zitternder Hand auf den Gartenpavillon. „Ich wünsche mir, dass ich beobachten darf, wie du arbeitest. Dort drinnen ist ein kleines Atelier für dich eingerichtet. Ich möchte gern, dass du meinen Grabstein modellierst – mit Händen wie auf deinem wunderschönen Gemälde. Ich möchte dir meine Hand reichen, wo ich sie dir früher entzogen habe. Und ich will dir noch viel mehr von dem Gott erzählen, der uns an der Hand hält, wenn wir es nur zulassen."

„Das sind eine Menge Dinge, die *du* willst."

Lisa seufzte über den Anflug protestierender Rebellion, die so tief in Petra saß.

„Ich kann dich lediglich darum bitten."

Petra lehnte sich zurück. Inzwischen klapperten ihre Zähne vor Kälte. Das alles war so verwirrend für sie – aber im Grunde verwirrend schön. Ihre Mutter bat sie um Verzeihung, und ihr gefiel eines ihrer Bilder. Lisa wollte ihr bei ihrer Arbeit zusehen, mit ihr Zeit verbringen, Gespräche führen und zuletzt sollte etwas, was sie schaffen würde, auf ihrem Grab stehen!

Schmerz und Freude zugleich waren zu viel für Petra. Von der untergehenden Sonne golden angestrahlte Tränen liefen über ihre Wangen. Ihre ersten seit so vielen Jahren.

Sie und ihre Mutter bekamen die Chance, zwei triste, farblose Lebensbilder in ein gemeinsames, buntes Farbspiel zu verwandeln. Und das alles sollte möglich geworden sein, weil einige Pinselstriche auf ihrem Gemälde wie ein Kreuz anmuteten? Nein, mehr noch: weil dieses Kreuz, seit es damals auf dem Hügel von Golgatha gestanden hatte, noch immer in das Leben der Menschen hineinwirkte. Womöglich war es die beste Entscheidung ihres Lebens, wenn sie auf die Einladung ihrer Mutter einging. Und auf die Einladung, an die Krippe und das Kreuz zu kommen...

20
Ich komme zu dir

Hektik um mich her.
Unruhe in mir.
Zu viel zu tun.
Zu viel Leid um mich herum.
Zu viel Schmerz in dieser Welt.

Ich sitze da.
Weiß nicht, was tun.
Ich weine.
Fühle mich zerrissen. Verbraucht.
Ich schreie um Hilfe.

Und dann sprichst du.
In die Stille.

Deine Stille ist Trost.
Bedeutet Schutz.
Atmet Frieden.

Du bist da.
In der Hektik um mich her.
In mir.
In all dem, was ich tue.
In allem Leid.
Im Schmerz der Welt.

Ich komme zu dir.
Vor die Krippe, vor das Kreuz.
vor den Thron.
Ich fühle deine Gegenwart.
Deinen Frieden.
Hoffnung blüht auf.

Ich staune. Atme.
Finde Ruhe. Frieden.
Ich liebe und werde geliebt.
Du trocknest meine Tränen.
Ich werde heil.

21
Feuerwehr

Sven hob den Kopf, als der Alarmdrucker ein Geräusch von sich gab. Sein Kollege Thomas nahm das Alarmfax entgegen. Wie an jedem Heiligabend in den vergangenen Jahren kam auch am heutigen Tag Arbeit auf die Feuerwehr zu. Bis sie zurück waren, würden der Punsch und das kleine Festmahl, das die Feuerwehrmänner mitgebracht hatten, kalt sein.

„... sitzt auf dem Christbaum vor der evangelischen Kirche fest", hörte Sven noch durch den Lautsprecher, als er seinem Kollegen Joachim bedeutete, dass der sich ebenfalls in Bewegung setzen sollte.

„An Heiligabend ruft jemand wegen einer Katze auf einem Baum an?" Joachim verdrehte belustigt die Augen. Er war der Jüngste der Truppe und hatte die ausufernden

Feierlichkeiten im Kreis seiner Familie gern gegen die eher einfache Party auf der Wache eingetauscht.

Routiniert ergriffen mehrere Feuerwehrmänner ihre Ausrüstung und bewegten sich zügig in die Fahrzeughalle.

„Du darfst heute den Huby fahren", sagte Sven zu Joachim.

Dieser strahlte und eilte auf die Fahrerseite des Hubrettungsfahrzeugs, doch ein scharfer Pfiff vonseiten ihres Vorgesetzten ließ beide herumfahren.

„Sven fährt. Wir haben es eilig."

Joachim runzelte irritiert die Stirn, da er eine Katzenrettung keineswegs als dringlich eingestuft hätte. Aber Sven reagierte sofort. Er startete das schwere Fahrzeug und während das Tor nach oben glitt, stiegen die anderen zu.

„RTW und NAW sind unterwegs", erläuterte Thomas. Sven, inzwischen auf der Straße, gab kräftig Gas. Das Signalhorn zerriss die Stille der Heiligen Nacht.

Dass ein Rettungswagen und ein Notarztwagen angefordert worden waren, deutete keinesfalls auf eine harmlose Katzenrettung hin. Irgendetwas mussten Joachim und er missverstanden haben.

„Wegen einer Fellnase mit Höhenangst?", fragte Joachim prompt. „Du kannst aber schon Weihnachten vom 1. April unterscheiden, oder?"

Thomas war nicht zum Spaßen zumute. Ernst, fast knurrend, erwiderte er: „Ein Kind ist in den Christbaum vor der Kirche geklettert." Er musste sich am Sitz festhalten, als Sven das lange, schwere Gefährt durch eine unangenehm enge S-Kurve lenkte.

„Du bist bei meiner Hochzeit definitiv nicht der Chauffeur", lästerte Joachim. „Meine Braut würde sonst auf ihr Kleid –"

„Welche Braut?", hakte Sven sofort nach. Dem jungen Mann wuchsen gerade mal drei Barthaare und er sprach bereits von einer Braut?

„Na die, die ich in ein paar Jahren finden werde."

Sven grinste, bog von der Straße ab und fuhr den Einsatzwagen mit der Drehleiter auf den leeren Kirchplatz. Ein wahrer Koloss von einer Fichte erhob sich in den nachtschwarzen Himmel, geschmückt mit sanft schimmernden Elektrokerzen.

Vor dem Christbaum stand eine Frau, die nur ein schwarzes, kurzes Kleid trug und zitternd die Arme um sich selbst geschlungen hielt. Hinter ihr hatten sich einige weitere Menschen versammelt. Sie hatten den Kopf weit in den Nacken gelegt und blickten besorgt nach oben.

Als Sven die Tür öffnete und auf das schneebedeckte Pflaster sprang, hörte er bereits die Sirenen der Rettungswagen.

„Sven, du gehst hoch", wies Thomas an.

Sven nickte und blickte hinauf in den Baum. Dort entdeckte er ein kleines Mädchen zwischen den Zweigen. Sein Herzschlag beschleunigte sich. Das Kind konnte nicht älter als sechs sein und saß in erschreckend großer Höhe fest.

Während seine Kollegen die Drehleiter vorbereiteten, trat Sven zu der jungen Frau, der Tränen über die rundlichen Wangen liefen und die beschwörend rief: „Beweg dich nicht, Juli. Bleib ganz ruhig. Gleich holt dich jemand runter …"

„Sie ist Ihre Tochter und heißt Juli?", sprach Sven sie an.

Die Frau richtete ihren Blick hoffnungsvoll auf ihn und hauchte mit zittriger Stimme: „Julia."

„Es geht los!" Thomas' Ruf ließ Sven herumfahren. Sie mussten das Mädchen sofort aus seiner gefährlichen Lage befreien. Rasch bestieg er den Rettungskorb, und während die Drehleiter ihn nach oben beförderte, konzentrierte er sich darauf, das Kind im Blick zu behalten. Als er in seine Nähe kam, sah er, wie es sich versteifte. Äste wackelten, einige der elektrischen Lichter schienen warnend zu blinken.

„Hallo, Juli. Ich bin Sven."

Das Mädchen hob den Kopf und schaute ihn an. *Gut so, Juli.*

„Deine Mama hat uns angerufen, damit wir dir herunterhelfen. In Ordnung?"

„Ja." Die Stimme des Kindes klang klar, deutlich und... irgendwie herausfordernd.

Sven versteckte sein Grinsen nicht. Offenbar hatte er es hier mit einer Abenteurerin zu tun. „Aber du musst mir ein bisschen helfen."

„Klar."

„Du hältst dich ganz fest und siehst mich an. Sobald ich sage, dass du den Stamm loslassen kannst, machst du das. Aber erst dann."

„Okay."

Sven schickte ein Stoßgebet zum Himmel. Thomas, am Hauptbedienstand der Drehleiter, führte ihn langsam und behutsam an den ausladenden Zweigen vorbei.

„Bist du bereit?"

Julia nickte und Sven ergriff das Mädchen unter den Armen.

„Gut, jetzt kannst du loslassen!"

Mutig löste Julia ihre Hände von dem harzigen, rauen Stamm, und Sven zog sie zu sich in den Korb. Jetzt war sie sicher. Erleichtert atmete Sven durch.

„Darf ich noch eine Weile hier oben bleiben?" war das Erste, was Julia sagte. Ihr Atem bildete kleine Wölkchen vor ihrem Gesicht.

„Warum das denn?" Sven war völlig überrascht und sorgte sich um die unterkühlte und völlig aufgelöste Mutter, die zu ihm hochblickte. Die Frau sollte ihre Tochter schnell in die Arme schließen können und in ihre warme Wohnung zurückkehren.

„Ich will doch Jesus gratulieren. Er hat heute Geburtstag."

„Und deshalb bist du auf den Baum geklettert?"

Julia nickte heftig. „Da bin ich näher beim Himmel!"

Wie Julia legte auch Sven den Kopf in den Nacken, um in den klaren Sternenhimmel hinaufzusehen. Dieses Kind rührte etwas in ihm an. Sein dringlicher Wunsch, Jesus zu treffen, ging ihm zu Herzen. Allerdings hatte das kleine Mädchen da wohl etwas falsch verstanden. Sven hockte sich vor Julia hin und ergriff ihre Hände. „Jesus feiert gern seinen Geburtstag mit dir", sagte er. „Er will ohnehin jeden Tag mit dir gemeinsam verbringen. Aber dafür musst du nicht extra auf einen Baum klettern."

Neugierig neigte Julia den Kopf zur Seite. „Aber Jesus ist doch da oben im Himmel. Und wenn man Geburtstag feiern will, dann geht man dahin, wo das Geburtstagskind wohnt."

„Bei Jesus ist das ein bisschen anders", versuchte Sven zu erklären. „Er hat mal gesagt: ‚Ich bin immer bei euch, jeden Tag, bis ans Ende der Welt'. Du musst also nicht zu ihm hinaufklettern, sondern er ist schon zu uns heruntergekommen." Sven tippte mit dem Zeigefinger dorthin, wo er das kleine Herz des Mädchens wusste. „Er ist immer bei dir, und du kannst ihm alles erzählen, ohne auf Bäume klettern zu müssen."

„Aber ich klettere gern."

Sven hatte das bereits vermutet, und ganz offensichtlich war die Kleine dabei auch überaus geschickt.

Julia hob interessiert die Augenbrauen. „Und wo ist Jesus? Ich kann ihn nämlich nicht sehen."

„Stimmt, wir können ihn nicht sehen. Er ist wie ein unsichtbarer Freund."

„Ist er denn auch dein Freund?"

Sven nickte. „Ja, und wenn du möchtest, kann er auch deiner sein. Du kannst ihm das einfach sagen."

Spontan, wie Julia war, kniff sie fest die Augen zu und sagte: „Hallo, Jesus. Ich will auch dein Freund sein. Und mit dir Geburtstag feiern. Das machen wir nachher zusammen mit Mama, ja?"

Während Sven erneut schweigend in das Sternenmeer hinaufblickte, wurde ihm eines wieder neu bewusst: Es ist ganz leicht, Gott all das zu erzählen, was ihn beschäftigte.

Dazu brauchte es keine große Anstrengung. Er musste es einfach nur tun. Ebenso vertrauensvoll wie ein kleines Kind. Und dann würde er sich so geborgen fühlen wie in einem himmlischen Rettungskorb.

22
Weihnachtsreise eines Teenagers

Geschrieben von Silas Büchle mit Elisabeth Büchle

In diesem Jahr habe ich mich spontan entschlossen, mich auf eine weihnachtliche Reise zu begeben. Es sollte ein interessantes, lehrreiches und wunderschönes Erlebnis werden, bei dem ich verschiedene Weihnachtstraditionen in unterschiedlichen Ländern kennenlernen dufte ...

Nachdem ich einige ausländische Bekannte meiner Familie angeschrieben und mit ihrer Hilfe die kleine Rundreise geplant hatte, packte ich das Nötigste zusammen und machte mich auf den Weg.

Mein erstes Ziel war der Besuch bei einer Familie in Rumänien, die mich bereitwillig an ihren Weihnachtstraditionen teilhaben ließ. In Rumänien ist Weihnachten das wichtigste Fest des Jahres und beginnt bereits am 23. Dezember, genau um Mitternacht.

Ich war mit dabei, als die Kinder durch die Straßen stromerten und an den Haustüren klingelten, um den Bewohnern traditionelle Lieder vorzusingen. Da es ziemlich kalt war, lieh mir ein älterer Herr seine Pelzmütze. Ich nahm sie dankbar an, obwohl sie mir ständig ins Gesicht rutschte. Aber zumindest hatte ich nun wieder warme Ohren.

Zum Dank für die gesungenen Lieder erhielten die Kinder kleine Geschenke wie Süßigkeiten, Obst oder ein bisschen Geld. Meine Gastfamilie hatte – wie so viele andere auch – ein Schwein für den 24. Dezember geschlachtet. Vor diesem Festessen hatten sie vierzig Tage lang auf Fleisch, Fisch und Eier verzichtet. Ganz schön konsequent! Leider konnte ich beim Festmahl nicht mehr dabei sein, denn ich wollte weiter nach Griechenland, genauer gesagt, auf die Insel Kreta ...

Bei meiner Ankunft im Hafen von Heraklion auf Kreta fielen mir sofort die Schiffe auf. Selbstverständlich gibt es am Meer immer Schiffe, doch diese waren durchweg mit Lichterketten geschmückt und zeichneten sich leuchtend am Strand und in den Häfen ab. In den Dörfern entdeckte ich Schiffsskulpturen, die ebenfalls mit Lichterketten behängt waren oder sogar komplett aus Lichterketten bestanden. Natürlich wollte ich wissen, was es damit auf sich hat. Also fragte ich bei meinen gastfreundlichen Bekannten nach und erfuhr, dass diese Schiffe aufgestellt und beleuchtet werden, weil sie die Menschen an all ihre Lieben erinnern, die in der

Weihnachtszeit nicht zu Hause sein können, weil sie auf See arbeiten.

Da Griechenland mittlerweile eng mit der westeuropäischen Kultur verknüpft ist, verliert sich diese wunderschöne Tradition leider immer mehr. Im Landesinneren stehen inzwischen viele geschmückte und größtenteils kitschig-schrillbunte Weihnachtsbäume, doch auf den Inseln, so stellte ich fest, kann man diese in der Nacht wunderbar beleuchteten Schiffe noch recht häufig bestaunen.

Am 24. Dezember zogen, ähnlich wie in Rumänien, die Kinder durch die Straßen. Sie sangen traditionelle Lieder, die Kálanda heißen und von einer Triangel begleitet werden. Dies ist der Auftakt für das zwölftägige Weihnachtsfest. Ich schloss mich einer dieser Kindergruppen an – diesmal ohne Fellmütze, denn durch das Gehen und Tanzen über die teilweise steilen Straßen und Plätze wurde mir ziemlich warm. Mit ihren Liedern, so erklärte mir ein aufgeregter Achtjähriger, der unübersehbar eine Menge Spaß an dem kleinen Umzug hatte, sollen die Kinder Glück unter den Menschen verteilen – und erhalten dafür Süßigkeiten oder Taschengeld.

Selbstverständlich bekam auch ich einige Leckereien geschenkt, die ich sofort probierte. Da gab es die mit einer Menge Puderzucker bestäubten Kekse namens *Kourambiedes* und die *Melomakaronas*, Gebäck mit Honigsirup. Dieses besondere griechische Weihnachtsgebäck habe ich sehr genossen und vielleicht ein wenig zu viel davon genascht. Jedenfalls hatte ich danach erst einmal genug von Süßigkeiten.

Verwundert hat mich, dass die Griechen ihre Geschenke weder am 24. noch am 25. Dezember öffnen, sondern erst am 1. Januar, und dass diese unter das Bett gelegt werden. Aber die Spannung und die Freude auf die Bescherung ist natürlich dieselbe wie bei uns, wenn wir an Heiligabend die Päckchen unter dem Christbaum vorfinden.

Etwas später, genauer gesagt am 2. Januar, machte ich mich dann auf den langen Weg nach Äthiopien, denn ich wollte Weihnachten einmal außerhalb von Europa erleben. Ich fuhr mit dem Schiff durch das Mittelmeer nach Ägypten, dort stieg ich wieder auf ein Schiff, das durch den Suezkanal und das Rote Meer bis Dschibuti fuhr. Von dort aus reiste ich auf dem Landweg weiter bis Äthiopien.

Pünktlich zu den Feierlichkeiten kam ich in dem ostafrikanischen Land an. Das Weihnachtsfest in Äthiopien findet stets vom 7. auf den 8. Januar statt, davor wird dreiundvierzig Tage lang gefastet; die Menschen ernähren sich in dieser Zeit vegan. Zum Fest kleiden sich alle in ein traditionelles weißes Gewand, was ich wunderschön fand. Dadurch wirkten die Leute überaus festlich und strahlten – je nach Licht – wunderbar hell.

Das äthiopische Weihnachtsfest heißt Genna, genauso wie das Spiel, das in Äthiopien jedes Jahr zu dieser Zeit gespielt wird. Eine Legende besagt, dass die Hirten es damals spielten, als die Engel ihnen die Geburt von Jesus verkündeten. Es erinnert wegen der gebogenen Holzstöcke ein wenig an Hockey. Selbstverständlich wollte ich mit von der Partie sein und erkundigte mich nach den Regeln. Dabei erfuhr ich, dass es eigentlich gar keine Spielregeln gibt! Aber zwei Dinge, so erklärte man mir, sind ausgesprochen wichtig: Erstens dürfen so viele Teilnehmer mitspielen, wie möchten. Und zweitens wird Genna ungeachtet der Gesellschaftsschichten miteinander gespielt, sodass auf dem Feld seit jeher Könige und Untergebene gemeinsam spielen.

In dem winzigen Dorf, in dem ich freundlich aufgenommen worden war, spielten von den kleinen Kindern bis zu älteren Herrschaften rund fünfundvierzig Personen bei *Genna* mit. Es gab viel Gelächter und immer wieder spöttische Zurufe, dennoch herrschte ein gewisser Ehrgeiz, sodass auch ich irgendwann völlig verschwitzt war. Aber alle hatten großen Spaß am Spiel. Hinterher lagen wir uns in den Armen, klopften uns kräftig auf die Schultern, und ich hatte das Gefühl, dass es nur Gewinner gab. Ausruhen konnte ich dann in dem etwa sechsstündigen Gottesdienst.

Nach diesen wunderbaren Eindrücken rund um Weihnachten flog ich am 9. Januar wieder nach Hause. Ich hatte diese Reise sehr genossen, und ich bin begeistert darüber, dass trotz der unterschiedlichen Traditionen die Feste eines gemeinsam haben: Alle freuen sich und feiern, dass Jesus für uns auf die Welt gekommen ist.

23
Heiligabend im Zug

Die verkratzte Scheibe beschlug unter ihrem Atem. Unangenehm berührt von der Nähe der Fremden um sie herum machte sie sich ein bisschen kleiner. Sie ließ es zu, dass ihr blondes Haar, das sie sonst gern hinter das Ohr zurückschob, die Hälfte ihres Gesichts verdeckte.

Winterwunderwelt – so bezeichnete man wohl das Panorama, das Susanne vor dem Zugfenster betrachtete: verschneite Hügel, dunkle Fichten, deren Zweige von der Last ihrer kalten Fracht nach unten gebogen wurden, ein nahezu perfekt blauer Himmel – und eine tief stehende Sonne, die die Pracht zunehmend in ein weicheres Licht tauchte und auf die weißen Flächen ein goldfarbenes Glitzern legte.

Das Rattern der Räder entlockte dem Zug ein leichtes Vibrieren. Hinter ihrem Rücken hörte Susanne ein Kleinkind, das eine eintönige Melodie summte. Es schien fasziniert davon zu sein, was diese Vibration mit dem Ton anstellte, der aus seinem Mund kam. Der Mann neben Susanne blätterte in einer Zeitung, stieß dabei gelegentlich an ihren Ellenbogen, was sie als unangenehm empfand und ihr Unbehagen nur noch steigerte.

Sie war nun fast vierzig, und in den vergangenen zehn Jahren war das Leben – oder vielmehr ihre Mitmenschen – mit ihr nicht gerade zimperlich umgesprungen.

Da gab es einen Ex-Ehemann, der ihr nach zwölf Jahren Ehe mitgeteilt hatte, dass er sie langweilig fand, und ihr nicht einmal die Zeit gegeben hatte, darüber nachzudenken und etwas in ihrem Alltag zu verändern. Zudem eine Schwiegermutter, die ihr die Schuld dafür zuschob, dass sie keine Enkel hatte – als könnte das nicht genauso gut an ihrem Sohn gelegen haben. Da gab es Arbeitskolleginnen, die viel lieber gegen sie statt mit ihr arbeiteten, und eine beste Freundin, die – so war es Susanne zumindest vorgekommen – von einer Sekunde auf die andere beschlossen hatte, nach Neuseeland auszuwandern.

Susanne fühlte sich von den Menschen ausgenutzt, abgestempelt und verlassen. Irgendetwas stimmte offenbar nicht mit ihr. Sie war einfach nicht *richtig*.

Vor dem Fenster versank die Sonne glutrot über einem baumlosen Höhenzug, malte auf den Schnee roséfarbene Streifen zwischen schwarze Schatten und überzog den Himmel mit einem Farbenspektrum, das von sanftem Orange bis hin zu tiefdunklem Violett reichte.

Susanne runzelte die Stirn. Während der Zug sich, wie sie fand, schwerfällig einen der Berge hinaufwand, hatte der Wind aufgefrischt. Er riss glitzernde Schneefontänen von den Ästen, ließ sie wie Elfen über das Land tanzen und legte sie dann sachte, wie zum Schlafen, auf der eisigen Fläche ab. Ihre Faszination über das Naturschauspiel verschwand, als sie die zügig näher rückende, dunkle Wolkenfront am Horizont entdeckte.

Ein Schneesturm kündigte sich an. Sekunden später wirbelten schon die ersten großen Flocken an ihrem Zugabteil vorbei, aus denen sich waagrecht dahinjagende Geschosse bildeten, bis ihr schließlich eine undurchdringliche Wand aus weißen Wirbeln alle Sicht nahm.

Böen drückten mit Macht gegen den sich in die Höhe schlängelnden Zug, entlockten ihm ein dumpfes Dröhnen, unterbrochen von einem Pfeifen aus unterschiedlichen Richtungen des Abteils. Im Führerstand wurde die Geschwindigkeit merklich gedrosselt.

Der Zeitungsleser hatte seine Lektüre sinken lassen, das Summen des Kindes war verstummt. Die bisher in an- und abflauenden Wellen verlaufenden Gespräche verebbten allmählich. Die Aufmerksamkeit der Reisenden richtete sich nun ganz nach draußen, konzentrierte sich auf das so unvermittelte Wüten vor dem Zugfenster.

„Ich hab Angst, Mama", rief die Kinderstimme laut, beruhigendes Gemurmel war die Antwort. Die Worte des Mädchens fielen tief in Susannes Herz. Ja, sie hatte auch Angst. Weniger vor dem wütenden Spektakel, das die Natur gerade aufführte, als vielmehr vor der Ankunft an ihrem neuen Wohnort, dem Start an ihrer neuen Arbeitsstelle, der ersten Begegnung mit ihrem Vermieter. Ihr Problem waren die Menschen. Sie scheute keine beruflichen Herausforderungen, keinen Wechsel in eine andere Stadt, immerhin hielt sie nichts an ihrem alten Wohnort. Aber in diesem Augenblick gestand sie sich ein, dass sie sich doch zu viel zugemutet hatte. Sie würde nicht nur ein oder zwei fremde Menschen kennenlernen müssen, sondern viele. Viel zu viele. Und das machte ihr Angst.

Susanne konnte sich lebhaft vorstellen, was sie erwartete. Sie würden sie testen, wollten erfahren, was für eine Art Mensch sie war. Wie schnell würden auch sie herausfinden, dass sie es mit einer Langweilerin zu tun hatten, die man ausnutzen durfte, einfach fallen lassen konnte wie einen überreifen Apfel, der von einem Baum plumpste. Ein nichtsnutziger, unattraktiver, uninteressanter, ungenießbarer Mensch …

Plötzlich flackerten die Lichter im Abteil und erloschen dann. Der Zug stoppte. Der Halt geschah sanft, ähnlich dem Auslaufen von Meereswellen an einen Sandstrand. Es folgte ein metallisches Geräusch, jedoch kein Quietschen und Ruckeln, Dröhnen und Stoßen, kein beängstigendes Funkensprühen der Räder vor den Fenstern, wie Susannes Fantasie es ihr in Sekundenschnelle vorzugaukeln versucht hatte. Sie löste ihre ineinander verkrampften Finger und fing den Blick der älteren grauhaarigen Frau vom Platz gegenüber ein.

„Es scheint alles in Ordnung zu sein – bis auf den Strom", meinte diese.

Susanne nickte. Es war ihr unangenehm, von fremden Menschen angesprochen zu werden. Sie hatte verlernt, mit ihnen zu kommunizieren. Früher hatte sie sich gern unterhalten, heute wagte sie das kaum noch. Wenn es nicht unbedingt sein musste, wich sie dieser Art von Anstrengung aus. Sie fuhr auch nur mit dem Zug, weil ihr das Autofahren inzwischen ebenfalls Schwierigkeiten bereitete. Ihre Welt wurde immer kleiner, so sehr sie das auch anfocht und so intensiv sie sich bemühte, dagegen anzukämpfen.

Gewaltsam schob der Zugbegleiter die Verbindungstür zwischen den Großraumabteilen auf. Ohne innezuhalten stapfte er mit großen Schritten durch den Mittelgang und erläuterte dabei: „Der Sturm hat einige Bäume entwurzelt. Die sind auf die Oberleitung und die Schienen gefallen. Wie lange wir hier festsitzen, kann ich Ihnen leider nicht sagen. Sobald ich Neues weiß, gebe ich Ihnen unverzüglich Bescheid. Bitte haben Sie ein wenig Geduld und –“ Der Angestellte hatte mittlerweile die nächste Tür aufgezerrt, die restlichen Worte waren für die Reisenden im Abteil nicht mehr zu verstehen.

Susanne wand sich auf ihrem Sitz. Die Fragen nach der Heizung, nach der Beleuchtung im Zug beschäftigten sie nur kurz. Andere Sorgen stürmten auf sie ein: Wie sollte sie es über Stunden mit diesen vielen fremden Menschen aushalten? Mit wie viel Verspätung würde der Zug an sein Ziel gelangen? Sie hatte doch einen Termin wegen der Schlüsselübergabe. Wenn der platzte, musste sie vielleicht für eine Nacht in ein Hotel oder eine Pension – eine für sie fast nicht stemmbare Anforderung. Und ihr Vermieter würde sie sofort als unzuverlässig einstufen ...

Panisch kramte Susanne ihr Mobiltelefon aus der Handtasche. Es würde sie unendlich viel Überwindung kosten, den Vermieter anzurufen, zumal so viele andere Menschen Zeugen ihres Versuchs sein würden, ein halbwegs normales Gespräch zu führen. Aber das war wohl die leichtere Alternative ... oder?

Unschlüssig starrte sie auf die kleinen Tasten, bis ihr auffiel, dass sie kein Netz hatte. War es Erleichterung, die sie – zumindest für den Augenblick – empfand, als sie das Mobiltelefon wieder wegsteckte? Der Berg nachfolgender Entschuldigungen und Entscheidungen würde um ein Mehrfaches größer sein, das wusste sie aus Erfahrung.

Reglos verharrte Susanne auf ihrem Platz, während sich die anderen Passagiere in Mutmaßungen ergingen. Einige Stimmen klangen zornig und ungeduldig, andere amüsiert und aufgeregt, wieder andere gelassen.

Die Nacht brach herein. Jemand hatte tatsächlich eine Taschenlampe dabei, die er, unweit von Susannes Platz, mit dem Licht nach oben auf den Boden stellte.

Sie fröstelte. Ein warnendes Anzeichen, dass es bald unangenehm kalt im Zug sein könnte? Da sie nicht die Erste sein wollte, die aufstand und nach der Jacke im Gepäckfach suchte, fror sie lieber vor sich hin.

Eine Stunde später saßen alle mit Schals, Jacken und Mützen da. Die Atemluft kondensierte bereits leicht und beschlug die Fensterscheiben. An ihnen wuchsen Eisblumen, zumindest dort, wo der orangefarbene Lichtschein sie anstrahlte.

Im Abteil herrschte bedrückende Stille.

„Wir wollten doch Heiligabend bei Oma sein", jammerte plötzlich das Kind, von dem Susanne inzwischen wusste, dass es Mia hieß.

„Wir fahren bestimmt bald weiter."

„Aber *jetzt* ist Heiligabend."

„Es tut mir sehr leid, mein Schatz."

„Ich will Kerzen haben. Und mein Geschenk auspacken."

Das Seufzen der Mutter klang nicht genervt, sondern traurig. „Gut, ich hole dein Geschenk aus dem Koffer. – Entschuldigen Sie bitte, könnten Sie mir vielleicht helfen? Der Koffer ist so schwer."

Susanne wandte den Kopf, als es hinter ihr raschelte. Sie war nicht die Einzige, die beobachtete, wie ein groß gewachsener Mann einen Koffer herunterwuchtete, ein älterer Herr sich anbot, dass man ihn auf seinen Schoß legen könne, er würde ihn festhalten. Die Frau kramte das in buntes Papier gepackte Präsent hervor, und dann halfen ihr die Fahrgäste, wieder alles sachgemäß zu verstauen.

Susanne fühlte sich plötzlich eigentümlich leicht, zugleich auch irritiert. Es gab sie also doch noch, diese Freundlichkeit und Hilfsbereitschaft?

„Warten Sie einen Moment", erklang aus der anderen Richtung die Stimme einer jungen Frau. Wenig später trat ein Teenager in gänzlich schwarzer Kleidung, mit schwarzem Haar und viel zu kräftig geschminkt in Susannes

Blickfeld. Was das Mädchen wohl unter den Schichten von Make-up und der dunklen Farbe zu verstecken versuchte?

Susanne beobachtete, wie das Teenie-Mädchen Geschenkpapier aufriss und mit einem Achselzucken erklärte, dass das eigentlich das Weihnachtsgeschenk für die Mutter sei. Dann stellte sie eine Bienenwachskerze in Form eines Eisbären auf den Boden. Sie zückte ein Feuerzeug und gleich darauf verbreitete der sanfte Schein der Kerze eine heimelige Atmosphäre. Die Taschenlampe wanderte im Abteil ein Stück nach hinten, dorthin, wo es bisher fast stockdunkel gewesen war. Dankbares Gemurmel drang nach vorn.

Die kleine Mia klatschte begeistert in die Hände und verkündete, dass dies die schönste Christbaumkerze wäre, die sie jemals gesehen hätte. Susanne kam nicht umhin, dem Kind gedanklich zuzustimmen. Der angenehme Duft nach Bienenwachs verdrängte die eigentümlichen Gerüche im Abteil.

„Und jetzt?", fragte die kindliche Stimme.

Die ältere Frau, die Susanne gegenübersaß, räusperte sich. „Ich habe ein Vorlesebuch mit der Weihnachtsgeschichte dabei. Das Geschenk für mein Enkelkind." Sie bat den Zeitungsleser, mit ihr den Platz zu tauschen, damit sie mehr Licht hätte, und dieser folgte der Bitte anstandslos.

Susannes Augen wurden vor Verwunderung immer größer, ihr Herz immer weiter. Vielleicht war es ein Fehler gewesen, sich in den vergangen zwei, drei Jahren so sehr zu verstecken?

Die vorgelesene Weihnachtsgeschichte war kurz und in einfachen Worten gehalten. Doch der Inhalt rüttelte

Susanne auf. Die Geschichte handelte von den am Rande der Gesellschaft stehenden Hirten vor rund zweitausend Jahren und davon, welch großartiges Geschenk gerade ihnen zuteilwurde, weil sie als Allererste das neugeborene Jesuskind von Angesicht zu Angesicht sehen durften.

Die Vorleserin schloss das Buch und sagte in die nachfolgende Stille hinein: „Geht es uns nicht manchmal auch so? Dass wir uns unwürdig fühlen? Klein und unbeachtet? Übersehen und vernachlässigt in dem großen Getriebe dieser Welt? Oder im Augenblick von den Betreibern dieser Bahn?"

Einige lachten leise, aber es kehrte schnell wieder Stille ein.

„Was wirklich zählt, ist nicht das, was andere über uns denken, nicht einmal das, was wir von uns selbst halten, sondern Gottes Gedanken über uns." Die Frau machte eine kleine Pause und ergänzte dann: „Er sieht in unser Herz. Zu ihm dürfen wir kommen, wie wir sind. Mit all unseren Fehlern und Unzulänglichkeiten. Er liebt uns, so, wie wir sind. Ihm sind wir unendlich wertvoll."

Susanne sah in flackernd beschienene, zweifelnde und aufmerksame Gesichter, in verträumte und ablehnende. Doch niemand widersprach. Weil es ein besonderer Abend war, weil keiner der Anwesenden Mia diese Stunde verderben wollte? Es gab offenbar noch Respekt untereinander, bemerkte Susanne mit einem süßlich-schmerzhaften Sehnen in ihrem Inneren.

„Hier, Mia, mein Geschenk für dich." Die Frau stand auf und reichte dem Kind das Buch. „Als Dankeschön dafür, dass du uns ein unvergessliches Weihnachtsfest geschenkt hast."

Die ältere Dame kehrte nicht mehr an ihren vorherigen Platz zurück, sondern machte es sich neben Susanne bequem.

Es war gar nicht so sehr schwierig, sie anzusprechen, stellte Susanne fest, obwohl ihr Herz dabei Purzelbäume zu schlagen schien. Bald waren sie in ein ernstes, aber wohltuendes Gespräch vertieft, dem – das wusste Susanne schnell, in ihrem neuen Heimatort viele weitere folgen würden. Noch lagen Berge vor ihr, die schwer zu erklimmen waren, doch ein erster Schritt war getan.

In einem eiskalten Zugabteil mitten im verschneiten Nirgendwo, im Dunkel der Heiligen Nacht, begann ihr Herz zu heilen.

24
Der „Sternengucker"

Es war vollkommen still im Haus, denn meine Familie schlief noch. Ich saß auf der Couch und blickte in die orange leuchtende Flamme einer Kerze, die vor mir auf dem Tisch brannte. Eingehüllt vom Duft des Tannenbaums, der Weihnachtsplätzchen und der Wachskerzen genoss ich die Ruhe nach dem turbulenten, fröhlichen Heiligabend. Die Baumkugeln schimmerten sanft im Licht der Kerze, und die ausgepackten Geschenke lagen unter dem Christbaum.

Trotz der mangelnden Beleuchtung entdeckte ich einen Zweig am Baum, der dunkler aussah als die anderen. Die einstmals grünen, spitzen Tannennadeln waren braun und teilweise bereits heruntergefallen. An dieser Stelle war die Kerze dem Ast zu nahe gewesen und hatte ihn verbrannt. Plötzlich kippte meine Stimmung.

Ich fühlte erneut dieses unangenehme, schmerzhafte Gefühl, das mich überfallen hatte, als die Kinder ihre Geschenke auspackten. *Würde ich enttäuschte Gesichter sehen, weil sie nicht das bekamen, was sie sich gewünscht hatten?* Mühsam versuchte ich, diese Gedanken beiseitezuschieben. Meine Kinder hatten sich gefreut. Auch über die kleinere Ausführung ihrer Geschenke. Es war nur der Wunsch in mir gewesen, ihnen mehr geben zu können, der mich veranlasst hatte, sie so bekümmert zu beobachten.

Doch die friedliche, erholsame und schöne Atmosphäre von zuvor war verschwunden, wie die Kerzen am Baum nach und nach erloschen waren.

Mich fröstelte, und ich zog die Decke höher über meine Beine. Ohne dass ich dem irgendetwas entgegensetzen konnte, überfielen mich wieder einmal die trüben Gedanken über unsere Zukunft: Kinder, die häufig krank sind, die Probleme mit ihren Schulkameraden und Freunden haben, die vor immer größere schulische Anforderungen gestellt werden. Ein Ehemann, der immer wieder unter Schmerzen zu leiden hat, dessen Arbeitsstelle unsicher ist, denn der Vertrag ist wieder einmal befristet. Meine eigenen Unzulänglichkeiten, die mich aufregen, denen ich aber irgendwie nicht Herr werden kann, so sehr ich es auch immer wieder versuche.

Kennen Sie diese Gedanken, die einen urplötzlich überfallen und versuchen, Sie in ein tiefes, dunkles Loch zu ziehen, das Unzufriedenheit, Angst, Lähmung ... bedeutet? Liegt es an der dunklen, kalten Jahreszeit, an den Tagen „zwischen

den Jahren", dass solche Phasen uns gerade in diesen Fest-
zeiten überfallen? Alle Jahre wieder ...?

Mir war in diesem Moment zum Weinen. Alle meine
Zukunftsängste und Sorgen schlugen über mir zusammen
wie eine eiskalte Woge Wasser. Nichts von der heimeligen
Stimmung eines ruhigen, zufriedenen, glücklichen Heiligen
Abends war mehr geblieben.

Dann rauschte es im Babyfon. Schon hatte ich die Decke
von mir geworfen und war dabei, aufzuspringen. Doch dann
lächelte ich und setzte mich wieder.

Ich muss nicht nach oben laufen, sagte ich mir, *Silas geht es
gut.* Allerdings blieb ich aufmerksam, blickte in Richtung
Babyfon. Doch es blieb ruhig.

Es waren keine Selbstvorwürfe über meine düsteren Gedanken von zuvor, die dem kleinen Vorfall folgten. Aber
auch kein aufwühlendes, alles elektrisierendes Hochgefühl.
Es war einfach nur das schöne, sanfte, glückliche Gefühl der
Dankbarkeit.

Was grübelte ich über unsere Sorgen und vergaß darüber
das Wunder, das wir erleben durften?

Ich habe fünf gesunde Kinder zur Welt gebracht. Keines davon unter normalen Umständen. Bei der Geburt des
vierten Kindes standen dessen und mein Leben auf Mes-
sers Schneide. Eine Nabelschnur, die nur an der Gebärmut-
terhaut anstatt in der Gebärmutter befestigt war, hätte uns
beide das Leben kosten können.

Als sich bei mir eine fünfte Schwangerschaft einstellte,
wollte ich abklären lassen, ob dieses Problem wieder bestand,

um dann einen geplanten Kaiserschnitt kurz vor dem Geburtstermin machen zu lassen. Also ging ich bei einer Spezialistin zur Ultraschalluntersuchung.

Ich lag in einem großen Raum, ausgerüstet mit den modernsten Gerätschaften, die man sich nur vorstellen kann. Die Gynäkologin begrüßte mich kurz und begann dann ihre Ultraschalluntersuchung. Irgendwann teilte sie mir mit, dass das, was ich eigentlich wissen wollte, von ihr gar nicht gesehen werden kann. Verwundert runzelte ich die Stirn. Das hatte sie aber schon vorher gewusst. Warum war ich dann überhaupt hier?

Ich habe darauf nie eine Antwort erhalten; nur eine Vermutung: Ich sollte die folgenden Wochen bewusst erleben und erleiden, um daraus zu lernen.

Der Ultraschall dauerte an. Fünfzehn Minuten, zwanzig Minuten, fünfundzwanzig Minuten. Ich wurde zunehmend unruhiger, zumal die Frau nur gelegentlich einen Laut von sich gab, der sehr unzufrieden klang. Meine Verwirrung wurde zur Besorgnis. Ich versuchte, auf den Monitor zu schauen. *Das Herz*, erkannte ich sofort. Das Herz meines Kindes, dargestellt in verschiedenen Farben, ständig gestoppt, gespeichert, ausgedruckt, neu eingefärbt, andere Seite ...

Mein Kind? Mein Baby? Was ist los? Was ist mit dir?, jagte es mir ununterbrochen durch den Kopf.

Eine halbe Stunde, vierzig Minuten und noch immer kam vonseiten der Ärztin nicht mehr als dieses unzufriedene Geräusch.

Schließlich war sie fertig. Und ihre Mitteilung an mich: „Warum haben Sie in Ihrem Alter denn keine Fruchtwasserpunktion machen lassen?"

Die Aussage war klar: Man muss heute doch kein krankes, behindertes Kind mehr zur Welt bringen.

Ich brachte keinen Ton heraus, fühlte mich wie versteinert. Nach diesem Vorwurf an mich kamen dann ein paar nähere Informationen: Das kleine Herz meines Kindes weise jetzt bereits mindestens zwei bis drei Defekte auf. Dazu seien die Nieren vergrößert. In dieser Kombination deute das nicht allein auf ein Herz- und ein Nierenproblem hin, sondern könne ein Hinweis auf das Down-Syndrom sein.

Ich weiß, dass es nach dieser Diagnose viele Leute gab, die für uns und vor allem für unser ungeborenes Kind gebetet haben. Was vermag Gebet zu geben? Trost, Halt, Stärke, Hoffnung!?

Aber... waren da nicht die Ultraschallbilder? Obwohl die zweite Meinung der Ärzte aus einer Universitätsklinik in unserer Nähe uns Mut gemacht hatte, es sähe nicht so schlecht aus, wie die andere Ärztin es uns ausgemalt habe, konnte ich die Ultraschallbilder nicht vergessen.

Schließlich entschloss ich mich, das Kind, wenn irgend möglich, in der Universitätsklinik mit angeschlossener Kinderkardiologie zur Welt zu bringen. Denn ich wollte nicht gleich nach der Geburt von meinem kleinen Sohn getrennt werden.

Es war tatsächlich möglich. Zur Geburt wurde ein Kinder-Herzspezialist hinzugerufen. Silas kam als sogenannter

„Sternengucker" auf die Welt. Mit dem Gesicht nach oben – als wolle er jetzt schon in den Himmel sehen?

Mein Blick ging voller Bangen zu dem Spezialisten. Der trat einen Schritt näher und sah dann meinen Mann und mich lächelnd an. „Alles in Ordnung. Es reicht, wenn ich ihn mir später noch genauer ansehe. Herzlichen Glückwunsch zu Ihrem Sohn."

Ich bekam Silas auf meinen Bauch gelegt und hätte einfach nur weinen können vor Glück. Welch ein Geschenk!

Der kleine Kerl wurde auf „Herz und Nieren" geprüft und für (fast) gut befunden.

Er hatte zwei Löcher in der Herzmuskelscheidewand und eine nicht ganz schließende Herzklappe. Aber die Aorta hatte sich gut ausgebildet, sodass er in der zweiten Nacht schon zu mir ins Zimmer durfte.

Silas bekam einen Herzpass. Durch diesen war jeder Arzt über sein Problem informiert, um bei Infekten Antibiotika verabreichen zu können, da sich hinter den Löchern in der Herzmuskelscheidewand gerne Bakterien ansammeln.

Nach einem Jahr war eines der Löcher zu, das andere nur noch minimal vorhanden, sodass auch keine Operation mehr anstand. Wir durften getrost den Herzpass in den Müll werfen. Und: In diesem Jahr war Silas nicht ein einziges Mal krank gewesen!

In seinem vierten Lebensjahr stand eine weitere Untersuchung an. Das kleine Loch und die nicht ganz dichte Herzklappe sind nach wie vor vorhanden, für den Knirps jedoch kein Problem. Silas ist ein lustiges, liebenswertes Kind, das ununterbrochen in Bewegung ist – ohne irgendwelche Einschränkungen. Unser Wunder!

An einem kleinen Kind zeigte mir Gott, wie groß er ist, weitaus größer als die Sorgen und Ängste, die mich immer wieder einholen und mich in dieses tiefe Loch zu ziehen versuchen. Deshalb passt sein zweiter Name, Nathanael, so gut zu ihm: Gott hat gegeben!

„… ein Kindlein geboren." Seit diesem Heiligabend sitze ich oft da und denke an dieses schwere Jahr, an die Geburt und an unser Kind, an dem Gott ein Wunder getan hatte. Und ich erinnere mich daran, dass Gott uns sein größtes Wunder an Weihnachten geschenkt hat, indem er seinen Sohn Jesus Christus als kleines, hilfloses Baby in eine kalte, lieblose Welt schickte. Und der Höhepunkt dieses Wunders geschah am ersten Osterfest, als genau dieser Jesus von den Toten auferstand, um uns das ewige Leben in der Gegenwart Gottes zu ermöglichen.

Es sind nicht immer die großen, sichtbaren Wunder, die uns an die Liebe und Macht Gottes erinnern können. Es reichen kleine, fast unscheinbare Begebenheiten – wenn wir nur aufmerksam genug durchs Leben gehen, um sie zu sehen und sie als solche annehmen. Versuchen wir es doch einfach. Unsere Sorgen, unser Kummer, unsere Unzulänglichkeiten und Fehler werden damit nicht verschwinden, aber wir können lernen, dass sie nicht größer sind als die Liebe Gottes zu uns. Denn er will uns reich beschenken!

Anmerkungen

Stromausfall, zuerst erschienen in: Inge Frantzen (Hg.): Sternenglanz und Tannenduft, Gerth Medien 2008

Der Weihnachtsengel, zuerst erschienen in: Inge Frantzen (Hg.): Sternenglanz und Tannenduft, Gerth Medien 2008

„Perfekt geplant" und „Der Sterngucker", beide Geschichten zuerst erschienen in: Zeitschrift „Lydia", Ausgabe 04/2011 bzw. 04/2009

Mehr von unserer Bestsellerautorin

„Ein großartiger, wichtiger und gut recherchierter Roman, der eindrucksvoll zeigt, dass selbst die dunkelsten Kapitel in unserem Leben heller werden, wenn wir die Hoffnung nicht aufgeben und darauf vertrauen, dass Gott uns in seiner starken Hand hält."

Leserstimme

Potsdam, 1945: Karla, eine junge Deutsche, steht vor den Trümmern ihres Lebens. Sie lernt Joan Bright kennen, eine außergewöhnliche Britin mit dem Spitznamen „Moneypenny", und freundet sich mit ihr an – obwohl sie von ihr im sowjetischen Sektor in gefährliche Heimlichkeiten verstrickt wird. Karlas Suche nach ihren als vermisst geltenden Brüdern und ihre verbotene Liebe zu einem Briten sind somit bei Weitem nicht die größten Herausforderungen, denen sich die junge Frau stellen muss ...

Elisabeth Büchle • Der Sommer danach
Gebunden • 432 Seiten • ISBN 978-3-95734-843-2

Copyright © 2022 Gerth Medien
in der SCM Verlagsgruppe GmbH, Dillerberg 1, 35614 Asslar

1. Auflage 2022
Bestell-Nr. 817920
ISBN 978-3-95734-920-0

Umschlaggestaltung: Benita Penner
unter Verwendung von Shutterstock
Lektorat: Verena Keil
Satz: Uhl + Massopust, Aalen
Druck und Verarbeitung: GGP Media GmbH, Pößneck
Printed in Germany

www.gerth.de